Helga Sinnhuber

Optische Wahrnehmung
und Handgeschick

Psychomotorische Entwicklungsförderung — Band 5

Helga Sinnhuber

Optische Wahrnehmung und Handgeschick

— Übungsanleitungen —

 verlag modernes lernen - Dortmund

Fotonachweis

Göbel, Horst:	7, 76, 151, 150, 139, 135
Schwietert, Ruth:	119, 120, 146
Sinnhuber, Helga:	55, 72, 148, 149
Steins, Volker:	1—5, 8, 9, 11, 13—15, 33a, 39, 42, 43, 47, 49, 64, 66, 70, 71, 84, 91, 103, 104, 105—118, 121—123, 127, 147
Sinnhuber, Helga:	Titelfoto

© 1983 verlag modernes lernen, Borgmann KG, D - 44139 Dortmund

3., unveränderte Auflage 1993

Herstellung: Löer Druck GmbH, 4600 Dortmund 1

 Bestell-Nr. 1108   ISBN 3-8080-0064-3

Inhaltsverzeichnis

Vorwort des Herausgebers

Ziel der Buchreihe „Psychomotorische Entwicklungsförderung" ist es, Eltern und Fachleuten, denen die Erziehung unserer Kinder anvertraut ist, gezielte Anregungen für ihre Arbeit zu geben. Es besteht heute kein Zweifel mehr darüber, daß der Bewegungs- und Wahrnehmungserziehung größte Bedeutung für eine harmonische Persönlichkeitsentwicklung des Kindes zukommt, und zwar umso mehr, je jünger es ist.

Mit dem Ausdruck Psychomotorik wird auf die enge Verflochtenheit, ja die Identität seelischer und körperlicher, bewegungsmäßiger Funktionen hingewiesen. Man beginnt heute allmählich zu begreifen, daß Körper und Seele nur zwei unterschiedlicher sprachliche Begriffe für die unteilbare Ganzheit des Menschen sind. Innerseelisches ist unsichtbar. Es kommt aber zum Ausdruck über das Körperliche. Innere und äußere Haltung entsprechen einander. Ein bedrücktes Kind wird seine Schultern müde hängen lassen, ein ängstliches Kind dagegen die Schultern krampfhaft hochziehen.

Eltern und Pädagogen, und besonders natürlich Therapeuten, sollten diese Körpersprache ihres Kindes verstehen lernen. Auch das Bewegungsverhalten hat seine eigene Sprache. Über die Bewegung kann sich das Kind (wie der Erwachsene auch) seiner Gefühlsstauungen entledigen. Überschäumende Bewegungsäußerungen wirken emotional befreiend. Insofern ist eine Erziehung, welche die motorischen Ausdrucksbedürfnisse im Menschen vernachlässigt und für unwichtig gegenüber den geistigen Lernprozessen ansieht, eine anomale, ungesunde, unbiologische und unpsychologische Erziehung.

Die Autorin dieses Bandes, eine Heilpädagogin, mit der mich eine Zeit gemeinsamer Arbeit in Hamm verbindet, trägt mit den systematisch und übersichtlich gegliederten Spielangeboten für die optische Wahrnehmung und das Handgeschick diesen psychomotorischen Erziehungsprinzipien Rechnung. So ist es ihr besonderes Anliegen, daß hieraus kein stures Üben, kein unkindgemäßes Training gemacht wird, sondern daß alles Bemühen um die Förderung eines Kindes — sei es gesund, krank oder behindert — in einer Atmosphäre der Fröhlichkeit, des Humors und des Spiels vor sich geht. Da die vielfältigen Förderanregungen praktisch schon beim Säugling beginnen, wendet sich die Autorin vor allem an die Mütter selbst bzw. jede mütterliche Beziehungsperson, im weitesten Sinne aber auch an die Erzieher im Kindergarten, an Vorschulpädagogen, Heilpädagogen und Therapeuten. Spezielle Hinweise sollen letztlich der Arbeit der Wahrnehmungs- und Bewegungsförderung auch beim behinderten Kind zugute kommen.

Frankfurt, im Juli 1983   **Prof. Dr. Ernst J. Kiphard**

Einleitung

Wahrnehmen und Handeln sind eine im Grunde untrennbare Funktionseinheit.

Wahrnehmen heißt: Etwas, was man sieht, hört und fühlt — erkennen, begreifen und in die bisher gemachten Erfahrungen einordnen.

Wahrnehmung ist eine sehr umfassende Leistung unseres Gehirns und stellt eine der wichtigsten psychologischen Funktionen beim Menschen dar. Das Kind beginnt kurz nach der Geburt zu schmecken, zu riechen, zu fühlen, zu sehen und zu hören, — es nimmt wahr. Dadurch werden seine Sinnesbahnen zum Gehirn „durchgeschaltet'' und Erkenntnisse gespeichert. Indem das Kind neu aufgenommene Sinneseindrücke mit schon bekannten im Gedächtnis vergleicht, beginnt es zu verstehen und seine Umgebung kennenzulernen.

Dieses Aufnehmen und Verarbeiten von Umwelteindrücken ist aber nur eine Seite der kindlichen Lernerfahrung. Um das Gelernte anzuwenden, muß es sich durch aktives Handeln mit seiner Umwelt auseinandersetzen. Dazu braucht es Bewegungsorgane.

Die Wahrnehmung geschieht durch Aufnahme verschiedener Reize der Sinnesorgane: Auge, Ohr, Nase, Zunge, Haut, Gleichgewichtsorgane im Innenohr. Aufsteigende (afferente) Nervenfasern leiten die aufgenommenen Reize zum Gehirn in die entsprechenden Zentren der Großhirnrinde. Dort wird das Wahrgenommene in den sensorischen Bereichen (z. B. Hör- oder Sehzentrum) gespeichert und mit schon vorhandenen Lernerfahrungen verglichen.

Das Vergleichen der vielfältigen Sinnesinformationen ermöglicht, daß die Dinge wiedererkannt, eingeordnet, ausgewählt und verarbeitet werden. Oft kann das Kind nicht sofort etwas damit anfangen, und nur allmählich geschieht die Verarbeitung und Wiedergabe. Manchmal „geht ihm ein Licht auf'', d. h. bei allem Neuen hat es etwas Bekanntes wiederentdeckt.

Nach dem Vergleichen werden die verschiedenen Empfindungen der einzelnen Sinne (Sehen, Hören, Riechen, Schmecken, Tasten) in Zusammenhang gebracht, d. h. koordiniert, so daß ein ganzheitliches Bild entsteht.

Beim Betrachten eines Balles oder Hammers fallen uns sofort die entsprechenden Bezeichnungen, Merkmale, Eigenschaften oder Verwendungsmöglichkeiten des Gegenstandes ein.

Reize verarbeiten heißt lernen! Neue Reize können aber nur dann wahrgenommen werden, wenn sie verstanden wurden. Alles andere wird überhört, nicht wahrgenommen oder sofort wieder vergessen.

Wenn ich einem 4jährigen Kind die Regeln der Grammatik erkläre, wird es mich anschauen, zuhören, aber nichts davon verstehen. Nur wenn eine Verarbeitung der Informationen stattgefunden hat, kann eine Reizantwort in Form einer sinnvollen Handlung (Greifen, Laufen, Sprechen) erfolgen. Ein Kind z. B. hat seine Rassel als etwas sehr Schönes kennengelernt. Sie ist ihm aus den Händchen gefallen und liegt abseits. Um sie zu bekommen, muß es sich auf die Seite rollen, mit dem Arm hinlangen, zugreifen, und wenn es sie nun schüttelt, erlebt es wieder den gewohnten Klang.

Das, was ausgeführt wurde, das Schütteln der Rassel, wird erneut durch das Auge und das Ohr wahrgenommen. Gleichzeitig wird die Reaktion der Umwelt registriert. Die Mutter freut sich an dem Spiel des Kindes. All das wird vom Kind aufgenommen, gespeichert, verglichen, koordiniert und verarbeitet. Der Kreis der Wahrnehmung ist wieder geschlossen.

Wahrnehmung und Bewegung gehören zusammen. Sie bedingen sich gegenseitig. Je vielfältiger einerseits das Kleinkind seine Bewegungsfunktionen übt, desto besser funktionieren seine Sinne. Andererseits verbessert ein vermehrtes Sinnesreizangebot die Bewegungskoordination und schafft so die Voraussetzung für effektive motorische Lernleistung.

In den vorliegenden Übungsanleitungen handelt es sich um die Teilbereiche **optische Wahrnehmung** (Reizaufnahme) und **Handmotorik** (Reizantwort). Augen und Hände wirken zusammen. Die Augen helfen den Händen beim Anziehen, beim Essen, beim Spielen, beim Malen usw. Nur bei blinden Menschen übernimmt der Tastsinn die Führung und Orientierung.

Wenn ein Kind mit seinen Händen etwas greift, betastet, baut oder untersucht, so macht es damit Lernerfahrungen und bekommt Einsicht in Zusammenhänge. Je älter ein Kind ist, umso mehr gebraucht es seine Hände und Finger, um Gesehenes nachzugestalten oder Selbstausgedachtes zu verwirklichen. Im Zusammenwirken von Auge und Hand wird praktische Intelligenz deutlich. In vielen Berufen, z. B. Uhrmacher, Tischler und Mechaniker ist eine gute Leistung der optischen Wahrnehmung, Handmotorik und Hand-Auge-Koordination wichtig.

Wahrnehmungsförderung sollte nicht erst im Kindergarten oder in der Schule beginnen, sondern Lerninhalt der ganzen ersten Lebensjahre sein. Mit Hilfe von Entwicklungstabellen[*] läßt sich der Entwicklungsstand der Sinnes- und Bewegungsfunktionen eines Kindes feststellen. Das so gewonnene Entwicklungsprofil ist die Ausgangsbasis für die erforderlichen Spielangebote.

Spiel- und Lernangebote sollten in allen Bereichen der kindlichen Entwicklung (Körperbeherrschung, Handgeschicklichkeit, optische und akustische Wahrnehmung, Sprache und psycho-soziale Entwicklung) gemacht werden.

Da die Möglichkeiten zur Förderung des Klein- und Vorschulkindes zunächst vor allem im Elternhaus gegeben sind, habe ich die Spielangebote weitgehend für Einzelsituationen aufgezeigt. Doch können sie, falls es sich ermöglichen läßt, auf eine Gruppe übertragen werden. Kinder lernen gern in Gruppen, und so sollte das Gruppenspiel, wo immer es sich ergibt, eingebaut werden. Behinderte Kinder benötigen naturgemäß intensivere und gezieltere Förderung in der Einzelsituation. Als Ansprechpartner zur Durchführung der Lernspiele habe ich häufig die Mutter erwähnt. Damit ist die jeweilige Bezugsperson gemeint, die sich mit dem Kind beschäftigt. Selbstverständlich auch der Vater, ältere Geschwister, Großeltern usw. Wann die einzelnen Fördereinheiten angesetzt werden können, entnehmen Sie bitte den vorgeschalteten Tabellen vor dem jeweiligen Lernbereich.

---

[*] **Literatur: Entwicklungstabellen, Seite 185**

In der Förderung des Kindes kann es zu zwei Extremen kommen. Manche Eltern vertreten den Standpunkt, Entwicklung ist im Kinde angelegt und jede pädagogische Lenkung enge es in seiner freien Entfaltung ein. Daneben gibt es überehrgeizige Eltern, die aus jedem Spiel ein Training machen. Sie trainieren ihr Kind auf ein bestimmtes Ziel hin. Dabei beachten sie nicht die Bedürfnisse des Kindes und sehen nur den Leistungsaspekt. Entwicklungsförderung ist dann richtig verstanden worden, wenn im Tun mit dem Kind das Spielerische Inhalt ist. Eltern und Kind sollen am gemeinsamen Spiel Freude haben.

Im Umgang mit Kindern begegnet uns immer wieder der kleine Außenseiter, der z. B. bei Puzzlespielen, beim Malen oder bei Gruppenangeboten nach wenigen Minuten die Lust verliert, nicht mehr mitmachen möchte, im Raum umherläuft, sich mal diesen mal jenem Spielzeug zuwendet, aber nie lange verweilt.

Bewegungsunruhe, erhöhte Ablenkbarkeit, Aggressionen, Konzentrationsstörungen und Lese-Rechtschreibschwäche sollten immter auch unter dem Blickwinkel von Wahrnehmungs- und Bewegungsstörungen betrachtet und dahingehend überprüft werden.

Seit Jahren ist es im Westfälischen Institut für Kinder- und Jugendpsychiatrie in Hamm unser Anliegen, Eltern Hilfen an die Hand zu geben, die kindliche Entwicklung zu beurteilen und informiert zu sein, um schon im Vorfeld auftauchender Probleme vorbeugend tätig zu werden und möglichst frühzeitig Entwicklungsstörungen selbst zu erkennen.

Je früher Entwicklungsdefizite erkannt und durch geeignete Übungsmaßnahmen spielerisch angegangen werden, desto größer ist die Chance ihrer Verbesserung und desto eher werden sekundäre Verhaltensstörungen vermieden.

Dieses ist das Anliegen des Buches. Wer mit einem Kinde spielt und lernt, sollte es im Sinne von MONTESSORI tun:

> „Hilf mir, es selbst zu tun.''

Hamm, im Juli 1983   **Helga Sinnhuber**

1. Lernbereich Optische Wahrnehmung

Kapitel

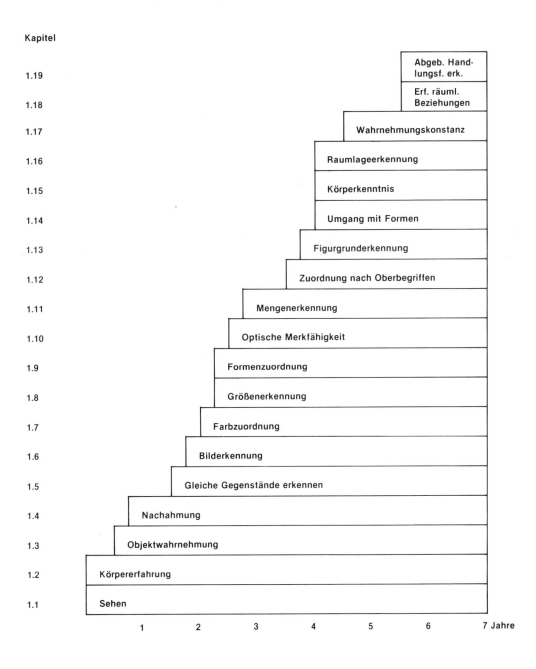

Kapitel	
1.19	Abgeb. Handlungsf. erk.
1.18	Erf. räuml. Beziehungen
1.17	Wahrnehmungskonstanz
1.16	Raumlageerkennung
1.15	Körperkenntnis
1.14	Umgang mit Formen
1.13	Figurgrunderkennung
1.12	Zuordnung nach Oberbegriffen
1.11	Mengenerkennung
1.10	Optische Merkfähigkeit
1.9	Formenzuordnung
1.8	Größenerkennung
1.7	Farbzuordnung
1.6	Bilderkennung
1.5	Gleiche Gegenstände erkennen
1.4	Nachahmung
1.3	Objektwahrnehmung
1.2	Körpererfahrung
1.1	Sehen

1   2   3   4   5   6   7 Jahre

Material *Einfarbig bunte Tücher, Waschlappen oder Bänder, rote Bommel, Rassel, Mobile, Taschenlampe, Glöckchen, Frottee-, Plüsch- oder Schaumstoffball, fahrbare Spielzeuge und Spieltiere, Tennisball, Pustefix-Seifenblasen, Kugeln, Taschenlampe*

1.1. *Förderschwerpunkt:* Sehen

Was heißt das?

Das Neugeborene unterscheidet hell und dunkel, Umrisse und wahrscheinlich auch ausgeprägte Farbunterschiede. Das Sehen ist unscharf. Das Baby beachtet in den ersten Lebenstagen nur jene Dinge, die bewegt werden und sich in 10—20 cm Entfernung befinden. Bei waagerechten Bewegungen geht das Baby nach wenigen Wochen in einem Winkel von 180° mit. Es verfolgt senkrechte, pendel- und bald auch kreisförmige Bewegungen mit den Augen. Langsame Entfernungsbewegungen werden ebenfalls verfolgt, wobei das Kind dann noch einige Zeit in Richtung des in der Ferne verschwundenen Gegenstandes blickt. Ab 12 Monaten kann es schon schnellen Bewegungen mit den Augen folgen.

Lernsituationen

● Geben Sie den Augen des Kindes immer etwas Buntes, Bewegtes anzuschauen. Ein Baby, das nur weiße Betten und weiße Wände im Zimmer zu sehen bekommt, wird niemals bewegliche und aufmerksame Augen bekommen.

● An den Seiten des Kinderbettchens wird abwechselnd etwas Buntes aufgehängt, z. B. ein roter Waschlappen, ein blaues Tuch, ein grünes Band. Wechseln Sie hin und wieder den Ort des Aufhängens, damit das Kind die farbigen Veränderungen wahrnimmt.

● Ziehen Sie dem Kind farbige Strampelhöschen und Söckchen an. Sie wecken damit seine Aufmerksamkeit, wenn es mit Armen und Beinen spielt.

● Beziehen Sie das Bettzeug mit farbiger Bettwäsche.

● Mobiles sind sehr nützliche Anziehungspunkte für Ihr Kind, während es in seinem Bettchen liegt. Es kann seine Augen darin üben, den leuchtenden, sich bewegenden Gegenständen zu folgen, während diese hin- und herschwingen und sich drehen.

● Hängen sie leuchtende, ins Auge fallende Bilder so auf, daß das Kind sie sehen kann.

● Nehmen Sie eine kleine Rassel, ein Glöckchen oder einen Klingelball. Halten Sie diesen Gegenstand in etwa 30—50 cm Abstand über den Augen des Kindes. Schütteln Sie ihn so lange, bis das Kind hinschaut. Dann bewegen Sie diesen langsam zur rechten und zur linken Seite im Blickkreis des Kindes. Wiederholen Sie die Bewegungen mehrmals.

- Sehr bald wird das Kind die Flasche als etwas Köstliches kennengelernt haben. Schwingen Sie diese kurzzeitig langsam im Blickfeld des Kindes hin und her, bevor es sie zu trinken bekommt.

- Betrachten Sie mit dem Kind ein Spielzeug, indem Sie dieses möglichst oft vor seinen Augen drehen und wenden.

- Sie können die kleinen „Sehspiele" ab ca. 3 Monaten in einem Halbkreis von einer zur anderen Seite über die Mittellinie hinaus durchführen. Das Kind liegt auf dem Rücken. Es wird in diesem Alter das Gesicht zur einen oder der anderen Seite drehen.

- Lassen Sie den Säugling einen kleinen roten Ball oder eine rote Bommel an der Schnur in waagerechter, senkrechter und pendelnder Bewegung mit den Augen verfolgen. (Abb. 1).

Abb. 1

- Auch erste kleine, kreisförmige Bewegungen mit einem einfachen Spielgegenstand, der eigenen Hand oder dem Fläschchen bereiten Freude. Vergrößern Sie allmählich die Entfernung.

- Das Baby lernt, den im Zimmer umhergehenden Personen nachzublicken. Wenn es umhergetragen wird, sieht es sich ganz interessiert um. Die Augenbeweglichkeit nimmt immer mehr zu.

- Nehmen Sie das Kind auf den Arm oder auf den Schoß und beobachten Sie, ob es eine zweite Person mit den Blicken verfolgt, wenn diese sich im Raum bewegt.

15

Stellen Sie Kontakt her durch Zeigen, durch Ansprechen, durch ein Spiel mit dem anderen.

● Lassen Sie das Kind am Leben und Treiben der Umwelt als Zuschauer teilnehmen. Es soll die ganze Familie, z. B. bei gemeinsamen Mahlzeiten, sehen und beobachten können.

● Der Blick des Säuglings wird mit 5 Monaten immer wacher und aufmerksamer. Es schaut einem herabgefallenen Spielzeug suchend nach, da es gelernt hat, daß Dinge, die nach unten fallen, dort auch zu finden sind. Wenn das Kind auf Ihrem Schoß sitzt, spielen Sie gemeinsam mit einer Puppe, einem Ball, einem Bauklotz. Lassen Sie diesen dann deutlich sichtbar zu Boden fallen. Verfolgt und sucht das Kind den Gegenstand nicht, versuchen Sie erneut, die Aufmerksamkeit auf das Spielzeug zu lenken und wiederholen Sie den Lernvorgang.

● Begeistert werden fliegende Seifenblasen vom „Pustefix" verfolgt. Lassen Sie diese vom Kind mit den Händen fangen.

● Beobachten Sie fallende Schneeflocken oder den Regen am Fenster, spielende Tiere im Zoo oder Tierpark, vorbeifahrende Autos am Fenster des Hauses, den weggeblasenen Samen einer Pusteblume (Löwenzahn). Blasen und Schauen wird viel Freude machen.

● Lassen Sie auf dem Tisch einen Tennisball hüpfen.

● Fahrbare Spieltiere und Spielzeuge wie Dackel, Enten, Autos oder Loks können am Boden langsam vor den Augen des Kindes bewegt werden.

● Vater oder Mutter stehen mit weitausgebreiteten Armen vor dem Kind. In jeder Hand haben Sie ein Spielzeug und lenken abwechselnd die Aufmerksamkeit des Kindes auf die rechte und auf die linke Hand. Durch ein Geräusch kann das Spielzeug noch besonders interessant gemacht werden und zum Hinsehen motivieren (z. B. eine Glocke, ein Quietschtier oder eine Klapper). Mit Spannung wird das Kind einmal das eine und dann das andere Spielzeug anschauen. Halten Sie den Gegenstand auch einmal so, daß eine Hand hoch oben und die andere tief unten ist und lenken Sie den Blick des Kindes auf diese beiden Punkte.

● Kleinere Objekte sollen aus einer Entfernung von 3—5 Metern erkannt werden. Halten Sie in diesem Abstand ein dem Kind bekanntes kleines Spieltier in der Hand und fragen Sie: „Kannst Du erraten, welches Tier ich hier in der Hand halte?" Bei älteren Kindern können Sie auch bunte Bilder nehmen.

● Lassen Sie Kugeln, kleine Autos oder Bälle auf nicht zu abschüssigen Schrägbahnen herabrollen und mit den Augen verfolgen.

● Das Kind schiebt zuerst ein Spielauto frei auf dem Boden, dann auf einer geraden Bodenlinie, auf einem vorgemalten Kreis, Dreieck oder einem Quadrat.

● Das ältere Kleinkind kann versuchen, mit einer Taschenlampe an bestimmte Linien entlang zu leuchten, z. B. entlang der Gardinenstange, der Tür, dem Tisch usw.

● Der Ball gehört mit zu den beliebtesten Spielzeugen des Kleinkindes. Es ist von der rollenden Bewegung begeistert und freut sich laut. Am Ende des 1. Lebensjahres kann es mit beiden Händen hantieren und wird sich mehr und mehr für Spiele mit dem Ball interessieren. Der rollende Ball fordert verstärkt zum Beobachten und Hinschauen heraus. Entdecken Sie gemeinsam die Spielmöglichkeiten des Balles:

Den Ball wegrollen — zurückholen und wieder wegrollen.
Den Ball einmal mit der rechten und dann mit der linken Hand rollen.
Den Ball mit dem Fuß wegrollen.
Den Ball rollen, mit den Augen verfolgen und warten bis der Ball stilliegt. Erst dann hinlaufen und ihn holen.
Wer kann beim Rollen mit der Hand am Ball bleiben?
Den Ball auf einer Linie entlangrollen, z. B. Tischkante, kleine Mauer, Schnur am Boden.
Den Ball so hoch werfen wie es geht.
Den Ball so weit werfen wie es geht.

4- bis 6jährige Kinder können den Ball schon im Stand von der rechten zur linken Hand rollen und wieder zurück. Die Beine sind bei diesem Spiel gegrätscht und der Rumpf tief nach vorne gebeugt. Der Ball wird mit weitausholender Bewegung hin- und hergerollt.

Methodische Hinweise

Achten Sie bei Ihrem Kind auf Schwierigkeiten und Probleme beim Sehenlernen. Beobachten Sie seine Reaktionen. Wie reagiert es auf nahe oder weite Entfernung? Arbeiten beide Augen gut zusammen oder schielt es mit einem Auge, d. h. weicht ein Auge beim Sehen nach innen oder außen ab?

Dazu sollten Sie, sofern das Kind älter als 1/2 Jahr ist, den Augenarzt aufsuchen. Bei gezielten Augenübungen sollte das Kind das Licht (z. B. Fenster) im Rücken haben.

Umgeben Sie das Kind vom ersten Tage an bei allen Spielen mit Sprache. Reden Sie sanft, liebevoll und wohlwollend. Beschreiben Sie, was Sie tun, auch wenn das Kind ganz offensichtlich die Worte nicht versteht.

Die Ballspiele gestalten Sie je nach Fähigkeit des Kindes einfacher oder schwieriger. Die Wahl des Balles richtet sich nach dem Alter des Kindes. Als erster Ball eignet sich gut ein Plüsch- oder Schaumstoffball mit einem Durchmesser von mindestens 15—20 cm. Je kleiner ein Kind ist, umso größer soll der Ball sein.

Hinweise für behinderte Kinder

Bewegungsbehinderte Kinder zeigen eine oft mehr oder weniger starke Augenmuskelschwäche. Im optischen Bereich liegt hier die gleiche Unbeweglichkeit und Schwerfälligkeit vor wie in der Bewegung der Hände oder des Mundes. Diese Kinder können die Konturen der Umwelt nur schemenhaft wahrnehmen. Obwohl das Organ Auge normal ausgebildet ist, sind sie sehbehindert, da es ihren Augenmuskeln schlecht gelingt, die Pupillen beider Augäpfel auf ein im Blickfeld auftauchendes Objekt einzustellen. So ist es notwendig, diesen Kindern vielfältige, elementare Anreize zum verbesserten Gebrauch der „Sehwerkzeuge" zu geben.

Bei sehbehinderten Kindern ist das optische Leistungsvermögen sehr unterschiedlich. Solange noch genügend Lichtempfindung vorhanden ist und genügend gesunde Hirnsubstanz zur Verfügung steht, die auf Trainingsreize reagiert, läßt sich die Sehfähigkeit allmählich steigern.

Bei Kindern mit nur geringen optischen Reaktionen muß mit sehr intensiven und häufigen Lichtreizen gearbeitet werden. Starke Taschenlampen und andere helle Lichtquellen sollten im abgedunkelten Raum in viertelstündigem Abstand die sehbehinderten Augen zum Hinsehen anregen.

Insgesamt gilt für alle Augenfunktionsübungen bei behinderten Kindern:

Die Übungen müssen kurzzeitig, aber mindestens stündlich durchgeführt werden. Jeder Moment des Hinsehens ist ein Erfolg. Jedesmal, wenn das Kind nicht mehr hinsieht, ist es erneut durch stärkere Bewegungen des Gegenstandes, durch Geräusche, Anrufe usw. zum Hinsehen zu bewegen.

Erweiterung der Lernsituationen durch Spielmaterial

	Hersteller
Brummkreisel	versch. Hersteller
Klettermännchen	versch. Hersteller
Aufziehtiere und -autos	versch. Hersteller
Musik-Mobile	Fischer
Kreisel	versch. Hersteller
Pull-a-Smile	Kiddicraft
Raupe	Kiddicraft
Kiddi-Bam	Kiddicraft
Kiddi-Wipp	Kiddicraft
Kullerkugel	Kiddicraft
Kiddi-Kugelbahn	Kiddicraft

Material *Unzerbrechlicher Spielspiegel, großer Spiegel, Hut, Tuch, Bilderbücher mit menschlichen Figuren, Puppe*

1.2. *Förderschwerpunkt:* **Körpererfahrung**

Was heißt das?

Beim Wickeln macht die Mutter das Kind mit seinem Körper vertraut, indem sie z. B. die Füßchen durch Berühren und Anheben oder Ohren, Nase und Mund durch Spiele dem Kind bewußt macht.

Schon bald bieten sich auch die Hände als stets verfügbares „Spielzeug" an. Das Kind entdeckt sie, indem es diese häufig vor die Augen bringt und zunächst mehr oder weniger zufällig zusammenführt. Etwa ab 4. Monat sieht das Kind im Spiegel sein Gesicht und möchte es, wie alles, mit den Händen begreifen. Es erfaßt zunächst noch nicht, daß dieses sein Ebenbild ist. Erst nach Vollendung des 1. Lebensjahres entdeckt es im Spiegel sein eigenes Gesicht. Dadurch wird es zu verstärkter Mimik, zum Grimassieren, zum Lachen und zum Spiel mit dem Spiegelbild herausgefordert.

Mit anderthalb bis zwei Jahren kann das Kind Nase, Ohren, Hände oder Füße an sich, an Puppen oder auf Bildern wiedererkennen und zeigen.

Lernsituationen

● Die ersten Spiele mit dem Kind sind sogenannte Berührungsspiele. Mutter und Kind lernen sich kennen. Die Mutter, die dieses kleine Wesen im Arm hält, hat von sich aus das Bedürfnis, es sanft zu berühren und seine zarte Haut zu fühlen. Der Säugling hat dabei die Mutter ganz nahe vor sich, schaut sie an und nimmt sie mit all seinen Sinnen auf. Der Tastsinn spielt dabei eine große Rolle und ist der am weitestens entwickelte Sinn. Das Baby erfährt durch die Berührung Zuneigung im wahrsten Sinne des Wortes und kann sich geborgen fühlen.

Berührungsspiele

Vöglein zwitschert piep, piep, piep,
hat das Kindchen lieb, lieb, lieb.
Pick, pick, pick.
(Die Mutter stippt das Kind mit dem Zeigefinger an, überall da, wo es kitzelig ist, am Hals, an den Bäckchen, am Kinn.)

Aufwärts holprig,
abwärts stolprig,
so läuft der Hase bergauf,
so läuft der Hase bergab.
(Zwei Finger tapsen auf dem Arm des Kindes hinauf und hinunter.)

Sälzchen,
Schmälzchen,
Butterchen,
Brötchen,
krabbelkrabbelkrötchen.
(Hier streicht die Mutter quer über die innere Hand des Kindes und kitzelt zum Schluß.)

- Betrachten Sie beim Anziehen und Waschen gemeinsam die Hände und Füße des Kindes. Kitzeln Sie die Fußsohlen und Handinnenflächen ein wenig.

- Streichen Sie sanft mit einer Bürste über die Beinchen oder fahren Sie leicht mit dem Fingernagel an der Fußsohle entlang.

- Erfreuen Sie Ihr Kind mit Handpatscherspielen. Alle Kinder lieben die rhythmischen Verse und Spiele mit den Händen. Zunächst benötigen sie die Hilfe des Erwachsenen, der einzelne kleine Spiele immer und immer wieder vorführt. Sie schauen gebannt zu und beginnen sie nach einiger Zeit nachzuahmen.
  (Anregungen findet man in der Kartei ,,Fingerspiele", Verlag gruppenpädagogischer Literatur, Wehrheim/Ts.).

- Wenn Sie den Säugling im Zimmer herumtragen, bleiben Sie vor einem großen Spiegel stehen und schauen gemeinsam hinein. Schon sehr früh werden die reflektierenden Lichtstrahlen besonderes Interesse hervorrufen. Spielen und unterhalten Sie sich mit dem Kind vor dem Spiegel. Beobachten Sie die Reaktionen des Kindes und greifen Sie sein Spielen auf. Es wird den Spiegel anfassen wollen, es entdeckt darin sein Gesicht, nimmt mit ihm Kontakt auf, indem es dieses anlächelt und ihm in die Augen schaut, ohne sich selbst in diesem Gegenüber zu erkennen (Abb. 2).

Abb. 2

- Bieten Sie dem Kind einen Spielspiegel an. Er ist unzerbrechlich und mit Greiflöchern und Plastikrand gut zu handhaben.

- Nach Vollendung des 1. Lebensjahres entdeckt das Kind im Spiegel sein eigenes Gesicht. Es macht ihm Spaß, vor dem Spiegel ,,Quatsch" zu machen. Setzen Sie sich einen Hut auf den Kopf oder decken Sie Ihr Gesicht kurzzeitig mit einem

Tuch zu, führen Sie mit dem Kind Bewegungen aus, wie z. B. die Arme hochhalten, in die Hocke gehen, die Nase gegenseitig anfassen, die Augen zuhalten, den Mund weit öffnen, die Zunge oder die Zähne zeigen. Nennen Sie Körperteile und lassen Sie diese anfassen und zeigen. Greifen Sie die Ideen des Kindes vor dem Spiegel auf und erweitern Sie diese.

● Wenn das Kind auf dem Schoß der Mutter/des Vaters sitzt, fordern Sie es auf, Ihr Gesicht zu betasten und z. B. Ihre Nase anzufassen. Sie sagen etwa: „Das ist meine Nase! Wo ist Deine Nase?" Helfen Sie ihm, seine Nase anzufassen, wenn es noch Mühe damit hat.

Führen Sie nacheinander die anderen Körperteile ein: Ohren, Augen, Haare, Mund, Arme, Beine, Finger, Zunge, Zähne. Zuerst soll es ein Körperteil bei Ihnen entdecken und dann bei sich selbst finden. Nennen Sie ihm nicht nur den Namen des Körperteiles, sondern beschreiben Sie, was das Kind damit macht. Wenn es sich die Augen zuhält und das Kuck-Kuck-Spiel macht, weiß das Kind, daß es dann nichts sehen kann. Legen Sie die Hand auf den Mund und es wird merken, daß der Mund sich beim Sprechen bewegen muß.

● Im Puppenspiel ergibt es sich, daß es an der Puppe die Körperteile erkennt und zeigen kann (Abb. 3).

Abb. 3

● Beim gemeinsamen Betrachten von Bilderbüchern wird diese Übung vertieft. Auf menschlichen Abbildungen zeigt es die ihm bekannten Körperteile.

Methodische Hinweise

Zu den ersten Fingerspielen gehören die Handpatscherspiele. Da die Handinnenfläche des Kindes besonders reizempfindlich ist, lacht und freut es sich, wenn man es an dieser Stelle kitzelt und krabbelt.

Wenn Sie dem Kind Fingerspiele anbieten, so schaffen Sie vorher eine vertraute Atmosphäre. Setzen Sie z. B. das Kind auf den Schoß, dadurch wird ihm Geborgenheit und Nähe vermittelt.

Wählen Sie den Inhalt des Textes der Finger- und Handpatscherspiele nach dem Entwicklungsstand des Kindes aus.

Lernen Sie den Text auswendig und sprechen oder singen Sie den Vers langsam, damit das Kind folgen kann.

Setzen Sie das Kind so hin, daß es Ihre Hand- und Mundbewegungen beobachten kann.

Wiederholen Sie das Spiel, wenn das Kind zuhört und es ihm Spaß macht. Ist das Spiel dem Kind vertraut, wechseln Sie die Rollen. Helfen Sie ihm, die Bewegungen der Hände auszuführen. Die Spiele, bei denen das Kind selbst in beide Hände patscht, kommen dem Ausdrucksvermögen des Kindes entgegen, klatscht es doch selbst ganz spontan in die Hände, wenn es sich freut. Es empfindet die Bewegungen und das rhythmische Sprechen als lustvoll und nimmt Sprachform und Bewegung in sich auf, auch wenn es noch nicht selbst sprechen kann.

Material   *Babyspielzeug (Greiflinge, Werfpuppen, Rasseln), Teddy, Schlaftiere, Puppen, Brummkreisel, Hampelmann, farbige kleine Klötzchen, Legosteine, Schiebeauto, kleiner Ball, Dinge aus dem Haushalt, z. B. Löffel, Plastikschüsseln, Plastikdosen, unzerbrechliches Geschirr, Papier zum Zerknüllen, Tuch zum Zudecken, Pappe*

1.3. *Förderschwerpunkt:* **Objektwahrnehmung**

Was heißt das?

Schon mit einigen Wochen beginnt das Baby seine Augen auf etwas Bestimmtes zu richten. Es betrachtet einen Gegenstand in der Nähe und verfolgt ihn auch über eine kurze Distanz. Eine Lichtquelle beobachtet es mit staunendem Gesichtsausdruck. Farbige Objekte werden länger als farblose betrachtet. Der Säugling bemerkt im 5. Monat sogar ganz kleine Sachen, die sich gegen eine weiße Unterlage gut abheben. Mehr und mehr gewinnt auch die Funktion des Greifens an Bedeutung und unterstützt die optische Wahrnehmung. Die Hände holen das Spielzeug heran, damit es besser gesehen werden kann.

Etwa ab 8. Monat kann das Kind eine Reihe von Gegenständen auseinanderhalten und zu schon gemachten Erfahrungen in Beziehung setzen. Das Wiedererkennen bestimmter Dinge führt zu Reaktionen der Freude, aber auch des Unmuts. Wenn Sie spazierenfahren möchten, werden Sportwagen, Mantel oder Mütze Freude auslösen; das Zubettgehen oder der Laufstall jedoch Unlust und Tränen hervorrufen.

Die Fähigkeit, sich kurzzeitig an Gegenstände zu erinnern, und deren Bild im Gedächtnis zu behalten, nimmt immer mehr zu. Aufgrund dieses Erfahrungsprozesses verfolgt der Säugling auch ein herabgefallenes Spielzeug. Er schaut suchend nach, da er gelernt hat, daß Dinge, die nach unten fallen, dort auch zu finden sind. Für einen Säugling unter einem halben Jahr gilt zunächst das Sprichwort: Aus den Augen, aus dem Sinn. Noch bevor das Kind ein Jahr wird, ist es durchaus in der Lage zu begreifen, daß etwas existiert, auch wenn man es nicht sieht. Wenn Sie vor seinen Augen ein Spielzeug mit einem Tuch zudecken, so wird es dieses wieder unter dem Versteck vorholen.

Lernsituationen

● Geben Sie dem Kind ein Spielzeug in sein Händchen und führen Sie dieses in das Blickfeld seiner Augen. Kann es den Gegenstand noch nicht selbst halten, so legen Sie Ihre Hand um seine Hand.

● Im Bettchen sollte immer etwas zum Schauen und Greifen liegen. Die Spielzeuge sollten aus verschiedenen Materialien, z. B. Holz, Plastik oder Frottee gefertigt sein, damit die Hände die unterschiedliche Qualität betasten können.

● Nehmen Sie einen Gegenstand und führen Sie diesen dem Gesichtchen des Kindes näher und entfernen Sie ihn wieder langsam. Beide Augen sollen dabei den Gegenstand fixieren.

● Tragen Sie das Baby häufig im Zimmer umher, damit es immer Neues zu sehen bekommt, aber auch bekannte Sachen aus einer anderen Perspektive betrachten kann. Dabei sprechen und erklären Sie alles was Sie zeigen.

● Regen Sie das Kind zum Schauen an, indem Sie gemeinsam etwas betrachten. Man darf gern zu Beginn durch Bewegung das Interesse des Kindes auf sich ziehen, z. B. mit einem tanzenden Kreisel oder einem Hampelmann.

● Wenn das Kind auf Ihrem Schoß oder auf dem Arm sitzt, legen Sie ein kleines farbiges Klötzchen in Ihre Hand und versuchen seine Aufmerksamkeit darauf zu lenken. Hat es den Gegenstand fixiert, schließen Sie kurzzeitig die Hand und lassen ihn danach wieder auftauchen.

● Sie sitzen mit dem Kind am Tisch, so daß seine Händchen die Tischfläche berühren können. Lassen Sie aus geringer Höhe im Blickfeld des Kindes einen kleinen Legostein, eine Rosine, eine Brotkrume, ein kleines Stückchen Keks auf ein weißes Papier oder ein helles Tischtuch fallen. Wenn das Kind nicht hinschaut, stoßen Sie die Rosine mehrmals mit den Fingern an, bis es diese bemerkt hat.

● Geben Sie dem Kind Materialien, die es ohne Gefahr begreifen, betasten, beriechen, belecken, bewegen und anschauen kann. Kleinkinder üben ihre Spielphantasie am besten mit möglichst einfachem, aber vielseitig verwendbarem Spielzeug. Sie werden dadurch befähigt, sich etwas einfallen zu lassen und kreativ damit umzugehen.

Abb. 4

● Nehmen Sie alltägliche Dinge aus Ihrem Haushalt und lassen Sie das Kind damit eine Weile spielen. Sprechen Sie mit ihm über den Gegenstand. Sagen Sie ihm wie er heißt, wie er sich anfühlt und wozu er gebraucht wird (Topf, Löffel, Dose usw.).

● Das Baby erkennt nach einem halben Jahr auch schon kleine Einzelheiten an seinen Spielzeugen und untersucht alles genau mit seinen Fingern. Lassen Sie das Kind nach Herzenslust ausprobieren und erkunden. Es soll sich „sattspielen". Legt es das Spielzeug selbst weg oder verliert es das Interesse daran, dann erst geben Sie Anregungen zu einem neuen Spiel.

● Zeigen Sie dem Kind einen kleinen Ball. Wenn Sie sicher sind, daß er betrachtet wird, lassen Sie ihn deutlich sichtbar auf den Boden fallen. Es wird dem Ball suchend nachsehen. Falls dieses nicht gelingt, motivieren Sie das Kind durch gemeinsames Suchen (Abb. 4).

● Erwecken Sie seine Aufmerksamkeit mit anderen Dingen, die Sie auf den Boden fallen lassen (zerknülltes Papier, Watte, eine Nuß, ein Blatt, einen Bauklotz).

● Halten Sie beim Baden oder Anziehen ein Handtuch vor Ihrem Gesicht, wenn das Kind Sie anschaut. Kommen Sie mit Ihrem Gesicht hervor und rufen Sie: „Kuckuck"! Wiederholen Sie das Spiel einige Male.

● Nehmen Sie einen begehrenswerten Spielgegenstand und vergewissern Sie sich, daß das Kind ihn anschaut. Wahrscheinlich wird es danach greifen wollen. Nun decken Sie schnell das Spielzeug mit einem Tuch ab, so daß es der Sicht des Kindes entzogen ist. Holt es diesen wieder hervor? Geben Sie Hilfe und lassen Sie den Gegenstand zunächst noch ein wenig herausschauen.

● Verstecken Sie, wenn das Kind sitzt, ein kleines Püppchen unter sein Röckchen oder in seinem Hosenbein.

● Lassen Sie das kleine Quietschtier, mit dem es gerade noch gespielt hat, in Ihrer Hosentasche verschwinden.

● Ein kleiner Teddy wird sichtbar in einen Schuhkarton gelegt und der Karton zugedeckt. Wo ist der verschwundene Teddy? Hat es ihn gefunden, wird es mit großer Freude ihn immer erneut verstecken und wiederfinden.

● Verstecken Sie sich hinter einer Tür oder einem Schrank.

● Legen Sie ein Spielzeug so hin, daß das Kind es sehen kann. Dann stellen Sie ein einfarbiges Stück Pappe davor (von Beschriftetem oder Buntem wird es abgelenkt), das größer ist als das Spielzeug und dieses verdeckt. Zuerst wird es versuchen, die Pappe herunterzureißen, um so an das Spielzeug zu kommen. Zeigen Sie ihm, wie es um die Pappe herumgreifen muß, um heranzukommen. Schieben Sie die Pappe hin und her, so daß es sehen kann, daß das Spielzeug noch an der gleichen Stelle ist.

● Nehmen Sie zwei verschieden große Dosen und legen Sie unter eine davon ein kleines Spielzeug, während das Kind Ihnen zuschaut. Dann verschieben Sie den Standort der Dosen. Fragen Sie das Kind, unter welcher Dose das Spielzeug liegt. Zeigt es auf die falsche Dose, heben Sie diese hoch und sagen: „Nein, hier ist es nicht! Suche weiter! Wo könnte es sein?" Hat es die richtige Dose gezeigt, freuen Sie sich gemeinsam.

● Nehmen Sie einen kleinen Gegenstand (klein genug, daß er auch in die Faust des Kindes paßt), zeigen Sie diesen dem Kind und nehmen Sie ihn dann selbst von einer Faust in die andere Faust. Dann schließen Sie beide Fäuste und lassen raten, in welcher Hand das Gesuchte ist. Zeigt es auf die falsche Hand, öffnen Sie die Faust und sagen: „Nein, da ist es nicht!" Dann schließen Sie die Faust wieder. Wenn Sie das Gefühl haben, daß das Kind dieses Spiel erfaßt hat, öffnen Sie Ihre Faust nicht mehr, wenn es auf die falsche Hand gezeigt hat, sondern sagen nur: „Nein" und warten ab, ob es sich jetzt direkt der anderen Hand zuwendet. Tut es das nicht, lassen Sie die „Nein-Hand" öffnen, bis es schließlich versteht, daß das Nein bedeutet, das Spielzeug ist in der anderen Hand. Wenn das Spiel dem Kind Spaß macht, darf es nun selbst verstecken. Es wird sich freuen und lachen, wenn Sie falsch geraten haben.

Methodische Hinweise

Wenn Sie einem Baby ein Spielzeug in die Hand geben, vergewissern Sie sich, daß es dieses ohne Gefahr in den Mund nehmen kann. Das Kind braucht seinen Mund, um herauszufinden, daß Dinge sich verschieden anfühlen und verschieden schmecken. Spitze, lange und dünne Teile, scharfe Kanten oder rauhe Flächen können gefährlich sein.

Besonders kleine Teile (nicht nur Spielzeuge) sollten außer Reichweite gehalten oder sicher befestigt sein. Babyspielzeug muß besonders haltbar und gut verarbeitet sein.

Achten Sie auf Vorlieben für bestimmte Spielzeuge. Unterstützen Sie diese! Sollte die Vorliebe aber ins Extrem gehen, nehmen Sie Rücksprache mit dem Arzt oder einem anderen Fachmann. Das Kind braucht zwar zum Spiel im allgemeinen das Vertraute und Liebgewonnene. Es wird sich aber immer auch für Neues interessieren und dieses umfangreich untersuchen.

Erweiterung der Lernsituationen durch Spielmaterial

	Hersteller
Werfpuppen	versch. Hersteller
Frottee- und Stofftiere	versch. Hersteller
Ball	versch. Hersteller
Schiebe-Autos	versch. Hersteller
Badewannenspielzeug	
(Schiffe, Schwimmtiere)	versch. Hersteller
Puppenwiege oder Puppenbett	versch. Hersteller
Nachziehtiere	versch. Hersteller

Material   *2 Dosen, 1 rechteckiger Bauklotz, 2 quadratische Bauklötze, 1 kleines Auto, Baubecher, kleine Puppe*

1.4. *Förderschwerpunkt:* **Nachahmung**

Was heißt das?

Ohne Nachahmung ist kein Lernen möglich. Das Baby nimmt viel aus seiner Umgebung mit den Sinnen auf und imitiert einfache Bewegungen. Es ahmt Fingerspiele, Gesten oder Handlungen nach, die ihm gezeigt werden.

Nachahmen setzt genaues Hinschauen voraus. Nur, wenn ich genau beobachtet habe, kann ich etwas Gesehenes nachahmen. Fördern Sie deshalb die optische Konzentration, indem Sie Situationen schaffen, die den Blick einige Zeit auf ein Geschehen lenken.

Lernsituationen

● Regen Sie Ihr Kind zum Nachahmen einfacher Bewegungen an. Gewöhnlicherweise nimmt die Mutter das Händchen des Kindes und winkt dem Vater zu, der morgens aus dem Haus geht. Auch Geschwister oder Besuch werden beim Weggehen auf diese Weise liebevoll verabschiedet. Eines Tages bewegt das Kind dann allein sein Händchen und führt zur Freude aller das Winken allein aus. Mit dem Wort „Tschüs" oder „Auf-Wiedersehen" verbindet es diese Handbewegung.

● Beliebt ist auch das Spiel:
Wie das Fähnchen auf dem Turm sich kann drehn bei Wind und Sturm, so soll sich mein/dein Händchen drehn, daß es eine Lust ist anzusehn.
(Die Händchen werden wie eine Fahne hin und her bewegt.)

● Patschen Sie mit beiden Händen auf den Tisch und sprechen Sie dabei: „Patsch, patsch, patsch".
Klopfen Sie mit den Fingerspitzen auf den Tisch und begleiten es mit den Worten: „Tipp, tipp, tipp".
Klatschen Sie in beide Hände und sagen Sie: „Klatsch, klatsch, klatsch".
Gehen Sie im Raum spazieren und patschen Sie mit der Hand auf den Stuhl, das Sofa, den Tisch, den Sessel.

● Belegen Sie Verbote mit der Geste des kopfschüttelnden „Nein".

● Um die Geste des „Neinsagens" zu lernen, stellen Sie Fragen, die das Kind zu dem Zeitpunkt sicher mit „nein" beantworten wird. Zeigen Sie ihm das Kopfschütteln und bauen Sie diese Nachahmung in den Tagesablauf ein.

Beispiele:
Wenn es satt ist: „Möchtest Du noch Brei?"
Morgens nach dem Aufstehen: „Möchtest Du wieder ins Bett?"
Es wird dabei seinen Kopf schütteln.

● Nehmen Sie ein Schiebeauto und fahren Sie damit auf dem Tisch oder auf einer glatten Fläche vor den Augen des Kindes hin und her. Es wird die gleiche Bewegung ausführen wollen.

● Setzen Sie zwei bis drei Bauklötze zu einem Turm aufeinander oder bauen Sie damit eine Brücke. Das Kind hat zugeschaut, was Sie gebaut haben. Dann überlassen Sie die Klötze dem Kind. Es wird versuchen, wenn es in der Nachahmungsphase ist (ab ca. 1 ½ Jahren), das Geschaute nachzubauen (Abb. 5).

Abb. 5

● Nehmen Sie einen Löffel, eine kleine Dose oder ein Lineal. Klopfen Sie damit auf den Tisch, an die Unterseite oder gegen die Kante des Tisches. Zuerst machen es Mutter und Kind zusammen, dann klopft die Mutter und das Kind wiederholt es alleine.

● Für die Hand und die Finger gibt es besonders viele Spiele, die zur Nachahmung anregen. Es können Personen und Gegenstände durch die einzelnen Finger dargestellt werden. So wird dem Kind seine Umwelt nahegebracht, indem es sie spielerisch gestaltet.
(Anregungen findet man in der Kartei „Fingerspiele", Verlag gruppenpädagogischer Literatur, Wehrheim/Ts.).

● Zeigen Sie, wie man mit beiden Händen eine Faust macht. Dann nehmen Sie die Hände auf den Rücken und verstecken den Daumen in der Faust. Zeigen Sie dem Kind die Faust mit den Worten: „Wo ist der Daumen?" Zeigt das Kind darauf, lassen Sie den Daumen aus der Umklammerung hervorkommen und strecken ihn nach oben. Nun ist das Kind dran und darf das gleiche Spiel machen. Kann das Kind die Beiddaumenstreckung nicht nachvollziehen, so zeigen Sie ihm an Ihrer Hand, wie Sie den Daumen versteckt haben.

● Bringen Sie Ihren Zeige- und Mittelfinger der rechten Hand in V-Stellung und veranlassen Sie das Kind, dieses Zeichen nachzuahmen (Abb. 6).

● Lassen Sie das Kind folgende Bewegungsmuster imitieren: Die rechte Hand auf die linke Schulter, mit der linken Hand das rechte Ohr anfassen. Stellen Sie sich dabei nebeneinander, damit es für das Kind leichter zu übertragen ist.

● Wie z. B. Möbel mit den Händen und Fingern dargestellt werden können zeigt die Abb. 7 (aus „Fingerspiele". Verlag gruppenpädagogischer Literatur, Wehrheim/Ts.).

Abb. 6

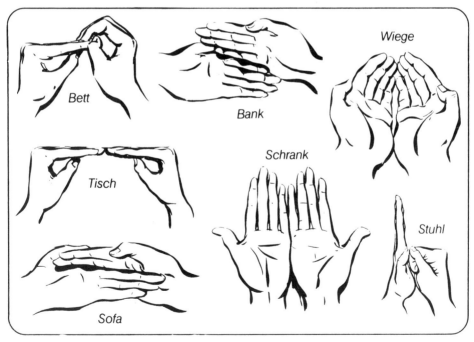

Bett

Bank

Wiege

Tisch

Schrank

Stuhl

Sofa

Abb. 7

Hinweise für behinderte Kinder

Bei geistig behinderten Kindern fehlt häufig die Bereitschaft zur Nachahmung. Sie muß erst langsam geweckt werden. Es kann erforderlich sein, jede Nachahmungsbewegung viele, viele Male durch Handführung „einzuschleifen". Sie sollten mit möglichst wenigen Dingen gleichzeitig hantieren, damit es die Übersicht nicht verliert. Es genügt z. B. ein Baustein für die Mutter und einer für das Kind. Nun wird der Baustein von der Mutter/dem Vater aufgestellt, und das Kind macht es nach. Dann wird er umgelegt, und wieder macht das Kind das Gleiche. Der Baustein wird an eine Ecke des Tisches gestellt, dann an die nächste, hierauf in die Mitte. Erweitern Sie die Übung auf 2, 3 oder 4 Bausteine. Erschweren Sie die Übung je nach Grad des geistigen Vermögens.

Fehler sollten nicht sofort korrigiert werden. Lassen Sie dem Kind Zeit, genau zu probieren, und geben Sie ihm nur die notwendige Hilfe.

Erweiterung der Lernsituationen durch Spielmaterial

	Hersteller
Kugelbahn	versch. Hersteller
Klettermännchen	Sigikid
Brummkreisel mit sichtbarem Inhalt	versch. Hersteller
Karussell	Fischer
Kriechlokomotive	Fischer
Kriechauto	Fischer
Puppenstube	versch. Hersteller
Puppengeschirr	versch. Hersteller
Besen, Handfeger und Kehrblech, Mopp	versch. Hersteller
Telefon	versch. Hersteller
Sandspielzeug	versch. Hersteller
Fingerspiele (Kartei)	Verlag gruppenpädagogischer Literatur

Material *Zwei in Farbe und Form gleiche Bälle, Autos, Bauklötze, Schuhe, Strümpfe, Becher, mehrere Nüsse, Streichholzschachteln, Klammern, Plastikbestecke. Behälter zum Einsortieren, z. B. Körbchen, Plastikdose oder Pappschachtel*

1.5. *Förderschwerpunkt:* Gleiche Gegenstände erkennen

Was heißt das?

Das Kind kennt mit ca. 15 Monaten schon unterschiedliche Objekte und Spielzeuge. Diese sind verschieden groß und haben unterschiedliche Umrisse. Jedes fühlt sich auch anders an. Mit diesen Dingen hat es Erfahrungen gemacht und weiß, daß man einiges essen kann. Einiges kann man werfen, einiges kann man festhalten, damit klappern oder Geräusche machen.

Bei den nun folgenden Übungen sollen Gegenstände, die in Farbe und Form gleich sind, einander zugeordnet und von andersartigen unterschieden werden.

Lernsituationen

● Nehmen Sie zwei Bälle, zwei Autos, zwei Bauklötze, die in der Größe, Farbe und Form gleich sind. Das Kind bewegt sich bei diesem Spiel frei im Raum, krabbelt oder kann auf dem Boden sitzen. Der Erwachsene hat von den Spielgegenständen je ein Stück in einem Korb oder auf dem Tisch liegen, und das andere Stück liegt irgendwo am Boden. Nun hält er vielleicht den Ball aus dem Korb hoch, blickt auf den zweiten Ball im Raum und fordert das Kind auf, diesen zu bringen. Hat es die Aufgabe nicht verstanden, so holt der Erwachsene den anderen Ball und legt die beiden Bälle nebeneinander. Das Kind soll dadurch erkennen, daß beide Bälle gleich sind.

Zuordnungsübungen dieser Art machen den Kindern viel Freude. Dabei ist es ratsam, in das verwendete Spielmaterial viel Abwechslung zu bringen.

● Als Abwandlung kann dieses Spiel als Zweiersortierübung auch am Tisch durchgeführt werden. Bauklötze und Holzkugeln liegen auf dem Tisch. Der Erwachsene hat zwei kleine Behälter (Körbchen oder Pappkarton) danebengestellt und legt in ein Gefäß die Kugeln, ins andere die Bauklötze. Hat das Kind die Aufgabe erfaßt, darf es selbst die restlichen Dinge in die vorgesehenen Behälter sortieren (Abb. 8).

Später kann das Spiel auf drei oder mehr unterschiedliche Dinge zum Sortieren erweitert werden.

● Die Fähigkeit, Dinge zu vergleichen und zu ordnen, hat das Kind schon an anderen Materialien geübt. Gerne spielt es mit ca. zwei Jahren auch mit Schüsseln, Töpfen und Dosen aus dem Haushalt, sieht es doch die Mutter immer damit hantieren. Löffel und Gabel hat es schon beim Essen kennengelernt. Sie sind ihm vertraut und werden jetzt in Gruppen gesondert in ein Kästchen hineingelegt. Bitten Sie Ihr Kind nach dem Abwasch oder beim Leeren der Spülmaschine Löffel und Gabeln auseinanderzusortieren.

● Sammeln Sie Plastikbesteck (vielleicht nach einer Party) und nehmen Sie dieses als Lernmaterial. Suchen sich sich noch längliche Kästchen und lassen Sie Gabeln und Löffel getrennt einordnen.

Abb. 8

Methodische Hinweise

Benennen Sie die Dinge mit denen Sie spielen oder mit denen das Kind Sie hantieren sieht, auch wenn es z. B. Materialien aus der Küche, dem Bad oder dem Garten sind. Erklären Sie in einfachen Sätzen oder Worten was Sie tun. Lassen Sie das Kind den Gegenstand anfassen, befühlen, beklopfen oder wenn möglich ausprobieren. Einschränkungen sind dort zu machen, wo es sich um gefährliche, spitze oder scharfkantige Sachen handelt.

Hinweise für behinderte Kinder

Besonders geistig behinderten Kindern fallen zu Beginn die Zuordnungsübungen sehr schwer. Es hat sich gezeigt, daß die Lernschritte dann kleiner sein sollten. Fangen Sie mit *einem* Material, z. B. Bauklötzen, an. Lassen Sie diese in ein Kästchen sortieren. Führen Sie zu Beginn die Hand des Kindes, bis der Vorgang verstanden wird.

Wiederholen Sie in den folgenden Tagen in der gleichen Abfolge mit dem gleichen Material diese Übung. Erfolgt das Einsortieren allein ohne Hilfe, so nehmen Sie ein neues Material, z. B. Wäscheklammmern, und trainieren diesen Schritt ebenfalls gesondert ein. Dann erst mischen Sie Tage oder Wochen später die beiden Gegenstände, stellen die Kästchen daneben, zeigen und erklären dem Kind, was es tun soll und helfen, wenn es nötig ist.

Bieten Sie die gleiche Aufgabe so lange an, bis es im Sortieren sicher ist, dann erst bringen Sie neues Material ein.

Da dieser Lernvorgang Grundstock für viele spätere Lernprozesse ist, sollten Sie diesen Entwicklungsschritt gründlich festigen.

Material   *Bilderbücher mit großen Motiven (z. B. Löffel, Teddy, Puppe, Teller, Fla-*
sche), ohne nebensächliche und ablenkende Details.
Andere Beispiele für Abbildungen:
Rassel, Ball, Fotografien von Spielzeugen des Kindes,
Lottospiele, Dominospiele, Memoryspiele

1.6. *Förderschwerpunkt:* **Bilderkennung**

Was heißt das?

Im ersten Lebensjahr hat das Baby die Fähigkeit erworben, eine Reihe von Dingen seiner Umwelt zu unterscheiden. Im 2. Lebensjahr beginnt es die Eindrücke der Wirklichkeit auf Abbildungen zu übertragen.

Es erkennt im Bilderbuch Dinge und Gegenstände seiner näheren Umwelt wieder. Bilderbücher werden oft ebenso geliebt wie die Puppe und der Teddy und bieten sich als eine besondere Form der Umwelterfassung an.

Lernsituationen

● Im ersten Bilderbuch soll auf einer Bildseite nur jeweils ein Motiv aus dem Erlebnisbereich des Kindes abgebildet sein. Die Darstellung sollte nicht zu klein, in klaren deutlichen Grundfarben und in ihren Grundformen erkennbar sein.

Setzen Sie das Kind auf Ihren Schoß. Es wird zunächst mehr am Blättern der dicken Pappseiten als an den Bildern interessiert sein. Lassen Sie es diese Erfahrung machen, wenden Sie sich dann einem Bild zu und lenken Sie seine Aufmerksamkeit darauf. Vielleicht ist es das schon bekannte und beliebte Auto, und schon wird das Buch interessant. Plappernd wird es begrüßt mit ,,brummbrumm'', ,,da'' oder nur ,,au''.

Auch ein freudiges Zappeln zeigt schon, daß dort etwas Bekanntes wiedergefunden wurde. Kinder freuen sich an Bildern und Dingen, die ihnen vertraut sind. Das Bilderbuch wird bald dazugehören und immer wieder angeschaut werden.

Lassen Sie die Motive benennen, suchen Sie im Raum das entsprechende Spielzeug aus dem Bilderbuch. Erzählen Sie in einfachen, kurzen Sätzen zu dem jeweiligen Bild oder lassen Sie das Kind auf die Frage: ,,Wo ist der Teddy?'' diesen zeigen.

● Das erste Bilderbuch kann selbst hergestellt werden. Fotografieren Sie Spielzeuge und Materialien des Kindes. Kleben Sie ein Bild auf eine DIN A-5-Seite und stecken Sie diese dann in eine Klarsichtfolientasche. Mit Freude wird das Kind auf dem Bild sein Spielzeug entdecken und dieses zum Vergleich holen.

● Aus Katalogen, Prospekten oder Zeitschriften können entsprechend Bilder auf Pappe aufgeklebt und mit durchsichtiger Folie überzogen werden. Motive für solche Bilder können sein: Haus, Ball, Löffel, Teddy, Puppe, Teller, Flasche, Rassel, Bett.

● Hängen Sie mehrere Tage ein Bild im Zimmer des Kindes auf, so daß es dieses von seinem Bettchen aus beim Wachsein sehen kann.

● Suchen Sie nun entsprechende Dinge zusammen, die im Bilderbuch zu finden sind und verteilen Sie diese in einiger Entfernung sichtbar im Raum. Zeigen Sie dem Kind das Bild und fordern Sie es auf, das betreffende Spielzeug, die Tasse oder den Löffel zu holen. Manche Kinder versuchen den Gegenstand aus der Buchseite herauszunehmen, bis sie begreifen, daß die Abbildung nicht der Gegenstand selbst ist.

● Nehmen Sie ein Spielzeug, welches das Kind gut kennt und zeigen Sie dieses im Spiegel. Bitten Sie das Kind, nach dem Spielzeug zu greifen und warten Sie ab, ob es nach dem Spiegelbild oder nach dem realen Spielzeug greift. Versuchen Sie dieses Spiel mit verschiedenen Dingen.

● Nach dem 2. Lebensjahr können die Bilderbücher schon mehr Einzelheiten aufweisen. Schaffen Sie eine vertraute Atmosphäre, indem das kleine Kind auf Ihrem Schoß sitzt, oder Sie suchen sich mit dem größeren Kind einen Ort, wo Sie sich ihm ungestört zuwenden können.

Kinder brauchen Zeit, um ein Buch kennenzulernen. Überfordern Sie das Kind nicht mit dem Text, sondern lassen Sie es zunächst das Bild entdecken. Es können bekannte Dinge auf dem Bild gesucht werden, etwa die rote Mütze, die Puppe, die Uhr usw.

Fragen Sie: „Was ist das?" Das Kind benennt die Abbildung nach seinen Ausdrucksmöglichkeiten. Ist das Bilderbuch bekannt, kann es durch das Spiel: „Ich sehe was, was Du nicht siehst und das ist . . ." wieder neu interessant gemacht werden. Dieses Spiel läßt sich besonders gut bei Bildern mit Einzelheiten durchführen.

● Wenn das Kind die Handlung des Bilderbuches gut kennt, erzählt es selbst die Bildgeschichte.

● Nehmen Sie ca. drei Bildpaare z. B. des Kinder-Memoryspieles und legen Sie von jedem Paar eines auf den Tisch, an dem Sie mit dem Kind sitzen. Die dazugehörigen gleichen Bilder halten Sie in der Hand. Bei den Bildern sollte es sich um Motive handeln, die dem Kind vertraut sind. Geben Sie dem Kind Zeit, die Bilder zu betrachten, zu benennen oder Tierstimmen nachzuahmen, wenn es ein Tiermotiv ist. Dann zeigen Sie ihm eine Karte und bitten es, das gleiche Bild aus der auf dem Tisch liegenden Reihe herauszusuchen. „Das ist ein Auto! Gib mir die Karte mit dem Auto!" Hat es diese gefunden, legen Sie die beiden Bilder nebeneinander, damit das Kind begreift: diese beiden Bilder gehören zusammen, weil sie gleich sind.

● Das Angebot in der Bildzuordnung kann erweitert werden, wenn das Kind in der optischen Wahrnehmung schon einen größeren Raum erfaßt. Sie können dann ein Bilderlotto einsetzen. Dabei müssen ca. 9 kleine Bilder auf eine große Bildkarte gelegt werden. Nehmen Sie zunächst nur eine Karte. Sie werden beobachten, wieviel Mühe es dem Kind zu Beginn macht, aus den vielen Bildern das jeweils gesuchte herauszufinden (Abb. 9). Hat das Kind Übung in diesem Spiel, nehmen sich Vater, Mutter oder die Geschwister ebenfalls eine große Karte und legen nun abwechselnd die kleinen Bildkarten auf.

Abb. 9

● Das Dominospiel stellt in der Reihe der Bilderkennung schon einen nächsthöheren Lernschritt dar. Auf einer Spielkarte des Dominospiels sind zwei Bildmotive aufgemalt. Eine andere Karte kann nur angelegt werden, wenn auf ihr eines der beiden Motive abgebildet ist. Die zweite Karte darf jedoch nur so an die schon liegende Karte angelegt werden, daß die gleichen Bilder nebeneinander liegen. Es empfiehlt sich, wenn das Dominospiel eingeführt wird oder auch bei geistig behinderten Kindern, zu Beginn nur jeweils eine Karte zum Anlegen zu geben und so die lange Bildreihe herzustellen. Zu viele Karten verwirren das Kind und bewirken Unlust, weil eine Überforderung mit visuellen Reizen vorliegt.

Methodische Hinweise

Wenn Sie für Ihr Kind ein Bilderbuch kaufen, achten Sie sowohl auf den Text als auch auf die Bilder. Der Text muß mit dem Bild übereinstimmen, und die Bilder sollten möglichst natürlich und wirklichkeitsnah sein.

Denken Sie beim Kauf eines Bilderbuches nicht zuerst an den Preis. Kaufen Sie lieber weniger aber dafür gute Bücher. Beim Kauf eines Bilderbuches beachten Sie folgende Punkte:

1. Entspricht das Bilderbuch dem Entwicklungsstand des Kindes? Bücher werden oft bestimmten Altersstufen zugeordnet, dennoch sollt der Erwachsene, der das Kind kennt, entscheiden, welches Buch geeignet ist.
2. Wie ist die äußere Aufmachung des Buches? (Titel, Titelbild, Einband).
3. Welche Bilder und welche Themen interessieren das Kind?
4. Was will der Autor sagen?
5. Welche Motive und Worte setzt er ein, um seine Idee verständlich zu machen?
6. Wie ist die Aussage des Bildes und die Wahl der Sprachform?

7. Welche Erfahrungen des Kindes sind Voraussetzung zum Verständnis der Bilderbuchgeschichte?
8. Wie werden Probleme im Bilderbuch gelöst?
9. Wie kann ich dem Kind helfen, das im Bilderbuch Wahrgenommene zu verarbeiten?

Hinweise für behinderte Kinder

Bei geistig behinderten Kindern, die oft auch bewegungsgestört sind, hat es sich bewährt, die Übersichtsbildkarte des Lottos auf Sperrholz zu kleben und die einzelnen Bilder mit kleinen Holzleisten abzuteilen. Die kleinen Bildkarten kleben Sie ebenfalls auf Sperrholz. Sie sind in der Hand des Kindes griffiger, können besser gefaßt und aufgelegt werden.

Erweiterung der Lernsituationen durch Spielmaterial

	Hersteller
Erstes Bilderbuch v. A. Dependorf	Otto Maier
Erste Bilder v. D. Bruna	Otto Maier
Die Puppe v. Marlene Reidel	Sellier
Lern-Spiel-Serie	
Wie kleine Kinder denken lernen v. A. Anderson, Heft 1/1, 1/2, 1/3	Hyperion
Lottino	Otto Maier
Bambino Lotto	Otto Maier
Mein erstes Lotto	Otto Maier
Kinder-Memory	Otto Maier
Domino	Otto Maier
Junior Domino	Otto Maier

Material   *Farbig beklebte Schuhkartons oder Dosen, einfarbig kleine Plastikeimer, einfarbige Baubecher oder Tupperdosen in den Grundfarben, Muggelsteine, Knöpfe, Lego-Bausteine, Rechenstäbchen, Wäscheklammern, Holz- oder Glasperlen, Stecker von Steckbrettern, einfarbige Pappstücke, Bauklötze, Wollfäden, einfarbige Spielautos, Faltpapier, Farbkarten in rot, blau, gelb, grün, einfarbige Handtücher und Waschlappen, einfarbiges Plastikgeschirr*

1.7. *Förderschwerpunkt:* Farbzuordnung

Was heißt das?

Das Kind wächst in einer Umwelt auf, in der es ständig mit Farben konfrontiert wird, und es merkt, daß es unterschiedliche Farben gibt. Zunächst ist immer die optische Unterscheidung der Farben notwendig, bevor das Kind mit ca. 3 Jahren die Farbbezeichnungen lernt.

Lernsituationen

● Die erste Farbzuordnung beginnt mit zwei Farben. Den meisten Kindern ist die Farbe „rot" schon vertraut. Legen Sie in einen Behälter einige rote und blaue, in Form und Größe gleiche Bauklötze hinein. Auf dem Tisch stehen zwei blau und rot beklebte Kartons, in welche die entsprechenden Farbklötze einsortiert werden sollen.

Zu Beginn des Spiels zeigt die Mutter dem Kind ein rotes Bauklötzchen, deutet auf die gleichaussehende rote Schachtel und legt das Klötzchen dort hinein. Beim nächsten Mal greift die Mutter ein blaues Klötzchen, zeigt es dem Kind und legt es in eine blaue Schachtel. Nun holt das Kind aus dem großen Karton den nächsten Bauklotz und tut ihn in den gleichfarbigen Behälter. Hat das Kind das Bauklötzchen in den falschen Kasten getan, holt es die Mutter wieder heraus, zeigt nochmals auf die Farbe und steckt das Klötzchen in den richtigen Behälter.

Ist das Kind in der Zuordnung von zwei Farben geübt, gehen Sie zur 3. und später zur 4. Farbe über. Verändern Sie das Material zum Einsortieren. Lassen Sie Perlen, Lego-Bausteine, Klammern, Stecker usw. nach Farben sortieren.

● Garagenspiel:
Fast alle Kinder spielen gerne mit Autos. Diese Vorliebe nutzen wir und bauen sie bei den Farbspielen ein. Stellen Sie sich aus einem Pappkarton oder aus Lego-Bausteinen einfarbige Garagen in den Grundfarben her. Suchen Sie sich zu den Garagen gleichfarbige Autos und entwickeln Sie mit dem Kind ein „Autospiel". So kommt das rote Auto in die rote Garage, das gelbe Auto gehört in die gelbe Garage usw.

● Spiele mit Kugeln:
Mutter und Kind sitzen sich auf dem Fußboden gegenüber. Jeder hat etwa zehn bunte Kugeln. Dieses können Holzkugeln sein, die es in Gardinenabteilungen von Kaufhäusern gibt, und die in den Grundfarben angemalt werden. Entsprechend den Farben der Kugeln haben Sie auch vier Farbkarten. Die Mutter hält eine Farbkarte hoch, und das Kind rollt die entsprechende Kugel der Mutter zu.

Dann hält das Kind eine Karte hoch, und die Mutter rollt die Holzkugel dem Kind zu. Bei diesem Spiel können die Farbnamen genannt werden, doch orientiert sich das Kind zunächst noch optisch.

● Gedächtnisspiel mit Farben:

In einem Zimmer liegen vier Farbkarten, im Nebenraum die dazu passenden Paare. Das Kind wählt eine Farbe aus, läßt die Karte aber liegen und prägt sich die Farbe gut ein. Dann geht es in den Nebenraum, um die andere, dazu passende Farbkarte zu holen und danebenzulegen. Das Spiel wird solange fortgesetzt bis alle Farbpaare zugeordnet sind.

● Perlen auffädeln:

Auf ca. 60 cm Plastikschnur Kugeln oder Holzperlen auffädeln: auf gelbe Plastikschnur gelbe Perlen, auf blaue Plastikschnur blaue Perlen.

Später können kleinere Perlen und dünnere Schnüre benutzt werden. Ist das Kind in der Technik des Perlenauffädelns sicher, können Perlenmuster in bestimmter Reihenfolge angefertigt werden.

Beispiel: blaue — gelbe — blaue — gelbe Perlen.
Oder: 2 blaue — 1 rote — 2 blaue — 1 rote Perle usw.

● Spiel mit Klammern:

Als Material nehmen Sie Plastik-Wäscheklammern in den Grundfarben. Alle roten Wäscheklammern werden zuerst auf den Rand eines Schuhkartons gesteckt, dann alle gelben, blauen oder grünen. Sie können auch mit den Klammern einfach logische Reihen stecken lassen: 2 blaue Klammern, 1 rote, 2 blaue, 1 rote usw.

Es können Taschentücher oder kleine Wäschestücke am Wäscheständer angeklammert werden. Zuest eine Leine mit blauen Klammern, dann eine Leine mit roten Klammern.

Farbige Faltpapiere mit einer gleichfarbigen Klammern an einer Leine befestigen.

● Farbmuster legen:

Malen Sie zusammen einige Eisstiele aus Holz mit Filzstiften farbig an. Dann legen Sie davon ein Farbmuster und zeigen dem Kind, wie es dieses nachlegen soll.

Beispiele: 2 blaue, 1 rotes, 2 blaue, 1 rotes Hölzchen.

Lassen Sie auch das Kind ein Muster legen, welches Sie dann nachlegen müssen.

● Suchen Sie Materialien, die sich nur in den Grundfarben unterscheiden.

Beispiele: rote, gelbe, grüne, blaue Autos, Puppen, Geschirr, Strümpfe, Hosen, Pullover, Waschlappen, Handtücher, und lassen Sie alles nach den Grundfarben ordnen.

Hinweise für behinderte Kinder

Bei geistig behinderten Kindern wird es erforderlich sein, die Lernsituation wieder in kleine Schritte aufzuteilen. Beginnen Sie mit dem Einsortieren von Materialien mit nur einer Farbe, z. B. rot, und üben Sie diesen Schritt gründlich ein. Evtl. wird es, wie bei anderen Zuordnungsübungen notwendig sein, die Hand zu führen. Dann nehmen Sie das gleiche Material, jedoch in einer anderen Farbe und festigen diesen Lernschritt ebenfalls einzeln.

Gelingen diese beiden Übungen gesondert, mischen Sie die roten und z. B. blauen Klötze. Suchen Sie mit dem Kind gemeinsam zuerst alle roten heraus und legen sie diese in den entsprechenden Behälter. Anschließend werden die andersfarbigen Klötze einsortiert.

Ist die Unterscheidung von zwei Farben sicher, bauen Sie stufenweise die nächste Farbe auf, bleiben aber immer bei einem Material, z. B. den Klötzen.

Für ein behindertes Kind stellt die Übertragung des Gelernten auf neues Material eine hohe Anforderung dar und sollte je nach Bewältigung des Entwicklungsschrittes eingebracht werden.

Erweiterung der Lernsituationen durch Spielmaterial

	Hersteller
Bunte Ballone	Otto Maier
Quips	Otto Maier
Colorama	Otto Maier
Vier erste Spiele	Otto Maier
Rädchenspiel	Selecta
Bunte Lernspielkiste 2	Schrödel
Steckmosaik	Otto Maier
Formenbox	Playskool

Material

Selbst hergestellte Spielbretter, kleine und große Kreise aus Pappe, Baudosen, Bau-
würfel, kleine und große Blumenuntersetzer, verschiedene kleine und große Gegen-
stände (Steine, Löffel, Knöpfe, Würfel, Tassen, Bälle), Materialien aus dem Haushalt
(Kochtöpfe, Tupperschüsseln, Dosen, Schachteln), Papprollen, verschieden lange
Bauklötze, Legosteine, Strohhalme, Bleistifte, Buntstifte, kleine und große Autos,
Papierstreifen, Wollfäden, Stecker und Steckbrett, Matrjoschka-Puppe (Puppe i. d.
Puppe), selbst hergestellte Tütenpuppen

1.8. *Förderschwerpunkt:* Größenkenntnis

Was heißt das?

Die Fähigkeit zur Größenerkennung und Größenunterscheidung ist grundlegend
wichtig, damit später im Rechenunterricht Mengenunterschiede begriffen werden
können. Der erste Schritt zu dieser Fähigkeit besteht darin, zwischen groß und klein
unterscheiden zu können.

Mehrere Gegenstände in eine bestimmte Reihenfolge zu bringen, kennzeichnet etwa ab dem 3. Lebensjahr den nächsten Lernvollzug. Farben und Formen können für
sich geordnet werden, Größen jedoch können nur im Vergleich miteinander in Beziehung gesetzt werden. Auf diese Weise wird mathematisch-logisches Denken angeregt und trainiert. Dabei sind genaues Hinschauen und Vergleichen erforderlich. Es
wird durch viele Spiele und Lernsituationen mehr und mehr differenziert.

Etwa ab 5 1/2 Jahren können auch geringe Längen- und Größenunterschiede wahrgenommen werden. Bis zur Einschulung sollte ein Kind zehn verschiedene Größen ordnen können.

Lernsituationen

● Fertigen Sie sich aus Sperrholz oder dicker Pappe ein Spielbrett in Form eines
Hauses (Abb. 11) an. Sägen Sie zwei kleine und ein großes Quadrat als Fenster
und Tür aus. Die ausgesägten Teile versehen Sie mit einem Stöpsel (Schraube)
zum Anfassen. Kleben Sie hinter das Haus eine Hartfaserplatte oder Pappe (je
nach verwendetem Material), damit die Teile nicht durch die Vertiefungen fallen.
Malen Sie das Haus in den Grundfarben an. Achten Sie aber darauf, daß die kleinen und großen Quadrate sich deutlich sichtbar abheben.

Wenn Sie dem Kind das Spielbrett anbieten, lassen Sie Tür und Fenster öffnen, d. h.
diese herausnehmen und wieder schließen. So lernt es die optische Unterscheidung
von zwei unterschiedlich großen Formen. Hinter das Einsatzbrett (Fenster oder Tür)
können Sie das Bild einer Katze oder eines Hundes legen, die in das Haus gelaufen
sind, oder Sie legen hinter das Fenster das Bild eines Kindes und lassen dieses aus
dem Fenster schauen.

● Zeigen Sie dem Kind, wie es einen kleinen Hohlwüfel in einem großen verschwinden lassen kann und regen Sie es zur Nachahmung an.

● Stellen Sie aus Pappe kreisrunde Plättchen her, zwei Paar große Untersetzer (beklebte Bierdeckel) und zwei Paar kleine Untersetzer. Legen Sie die großen Unter-

setzer vor den Augen des Kindes mehrfach aufeinander, so daß sie deckungsgleich sind. Das gleiche geschieht mit den kleinen Untersetzern. Dann bringen Sie alle wieder durcheinander und fordern das Kind auf, sie nach dem gezeigten Beispiel aufeinanderzulegen.

● Ähnlich können Sie ein Spiel mit Blumenuntersetzern anbieten. Sie haben 2—3 kleine und genau so viele große Untersetzer. Diese stehen vor dem Kind auf dem Tisch oder auf dem Teppichboden. Kinder spielen gerne auf dem Fußboden. Dann legen Sie einen kleinen und einen große Untersetzer hin und nehmen zwei andere, dazu passende, und setzen diese auf die entsprechenden Untersetzer drauf. Zunächst werden Sie helfen müssen, bis die Aufgabe verstanden wurde. Später ordnet das Kind alleine die kleinen und große Untersetzer.

● Kann das Kind in Farbe und Form gleiche Objekte nach der Größe sortieren, werden ihm in der Form unterschiedliche Materialien angeboten. Lassen Sie verschieden kleine und große Gegenstände unterscheiden.

Beispiele: kleiner Bär/großer Bär, kleiner Stein/großer Stein, kleiner Löffel/großer Löffel, kleiner Schuh/großer Schuh, kleiner Knopf/großer Knopf, kleiner Ball/großer Ball, kleiner Würfel/großer Würfel, kleine Tasse/große Tasse.

● Kinder spielen gern mit Materialien aus dem Haushalt. Nehmen Sie verschieden große Kochtöpfe, Tupperschüsseln, Dosen, Schachteln und stellen sie alles auf den Tisch oder den Fußboden. Den Deckel legen Sie jeweils daneben. Das Kind soll nun zu jedem Gefäß den entsprechenden Deckel suchen. Nehmen Sie zu Beginn dieser Übung nur wenige Teile.

● Stellen Sie aus Papphröhren (Rollen von Toilettenpapier oder Haushaltspapierrollen) drei verschiedene Längen her und lassen Sie diese bunt bemalen. Am besten von jeder Länge ein Paar, damit Sie und das Kind über jeweils das gleiche Material verfügen.

Stellen Sie nun die kurze Papphröhre hin, dann die mittlere und die lange. Anschließend soll das Kind mit seinen Papphröhren diese Aufstellung nachbauen. Bringen Sie dann gemeinsam die gebaute Ordnung durcheinander und motivieren Sie das Kind, die verschiedenen Längen erneut zu sortieren (Abb. 10).

Abb. 10

● Malen Sie Übungs- und Spielbretter mit Grundrissen von Bauklötzen oder Papp-
streifen auf, legen Sie auf die Schablonen die entsprechenden Klötze (Abb. 12).

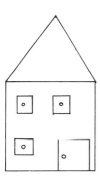

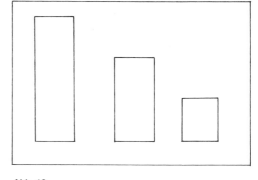

Abb. 11   **Abb. 12**

● Es können unterschiedlich große Türme aus Legosteinen, Garnspulen oder Bauklötzen hergestellt werden. Fragen Sie nach dem größten/kleinsten Turm.

● Strohhalme, Bleistifte, Buntstifte, Löffel, Autos werden von klein bis groß in eine
Reihe gebracht.

● Fädeln Sie verschieden lange Ketten auf und legen Sie diese der Größe nach nebeneinander.

● Spiel mit Baubechern/Hohlwürfel:

Bei diesem Spiel werden neben der Größenerkennung und dem Handgeschick
Raumverhältnisse und Raumgefühl gefördert. Im eigenen Entdecken und Spiel
mit diesen Baubechern finden erste kleine Problemlösungen statt. Bei diesem
Spiel korrigiert das Kind sich selbst. Wenn es den kleinsten Becher in den größten setzt, merkt es bald, daß es den mittleren nicht mehr unterbringen kann. Geben Sie dem Kind zunächst den großen und den kleinen Baubecher/Hohlwürfel
und lassen Sie es damit spielen. Irgendwann wird es entdecken, daß der kleinere
Becher/Würfel in den größeren paßt und dieses Spiel begeistert betreiben. Es
wird ihn herausschütten und wieder hineinlegen. Es wird die Würfel aneinanderschlagen und zu Boden werfen. Auch das plötzliche Verschwinden des kleinen
Hohlwürfels durch das Überstülpen des großen Würfels wird Staunen und Ver-
wunderung hervorrufen, besonders wenn dieser dann wieder hervorgezaubert
wird.

Beobachten Sie das Kind beim spielerischen Umgang mit den beiden Würfeln
und greifen Sie seine Spielideen auf. Für manche Kinder ist das Ineinander-
stecken von zwei Hohlwürfeln schon eine große Aufgabe, und es kann notwendig
sein, dieses viele Male zu zeigen und durch das Schüttelgeräusch interessant zu
machen.

● Wenn das Spiel mit zwei Würfeln ausgeschöpft ist, nehmen Sie drei verschieden
große runde oder viereckige Plastik-Baubecher, die lose ineinander passen. Man
kann sie entweder zu Pyramiden aufeinander stellen oder ineinander stecken.

Beginnen Sie mit dem Bau einer Pyramide. Setzen Sie sich neben dem Kind auf den Boden und stellen Sie die drei Baubecher aufeinander, während Sie dem Kind erzählen, was Sie gerade tun. Dann bitten Sie das Kind, es auch zu versuchen. Bestehen Sie zunächst nicht auf irgendeiner Reihenfolge. Lassen Sie das Kind probieren und verdeutlichen Sie erst dann, worum es geht, wenn es selbst die Lösung des richtigen Aufeinanderstapelns nicht gefunden hat.

Wenn es genügend aufeinandergestapelt hat, beginnen Sie mit dem Ineinanderstapeln. Auch hierbei nicht den ganzen Satz dem Kind anbieten, sondern zunächst nur den kleinsten und den größten, später einen von mittlerer Größe hinzunehmen usw.

● Diesmal stehen die Becher mit den Öffnungen nach oben nebeneinander auf dem Tisch. Sie stellen diese nun betont langsam ineinander, so daß das Kind Sie dabei beobachten kann. Dann probiert es selbst und stellt die drei Becher ebenfalls ineinander.

● Wird die Aufgabe gekonnt, ordnen Sie mehrere Baubecher der Größe nach als „Zug" in einer Reihe. Dann stülpen Sie einen über den anderen, so daß zum Schluß alle bis auf einen verschwunden sind (zuerst den kleinen verschwinden lassen, dann den zweiten, der große bleibt als letzter übrig).

● Erweitern Sie die Aufgabe indem Sie nacheinander immer mehr Becher dazunehmen. Gerade beim Spiel mit Baubechern kann sehr schön beobachtet werden, wie das Kind überlegt, ausprobiert, sich korrigiert und freut, wenn es einen Turm gebaut hat oder alle Becher/Würfel in einem versteckt sind (Abb. 13).

Abb. 13

43

Dem Vorschulkind können folgende Übungen angeboten werden:

● Wer ist eigentlich der Längste in der Familie? Alle Familienmitglieder werden taxiert und in Reih und Glied an die Wand gestellt. Zuerst kommt der Größte, dann der etwas kleinere, dann der noch kleinere und schließlich der Kleinste.

● Aus Lego-Bausteinen können mehrere Türme aus 4 und 5 aufeinandergesteckten Teilen gebaut werden. Anschließend werden gleichhohe Türme zusammengestellt.

● Die ganze Familie spielt „Memory". Nachdem das Spiel beendet ist, werden alle Päckchen nebeneinander gestellt. Wer hat das höchste Päckchen? Der hat gewonnen!

● Auch beim Angelspiel lassen sich Gewinnvergleiche anstellen. Das Kind legt seine Fische nacheinander in eine Reihe. Das Geschwisterchen legt seine genau darunter, dann kommt die Reihe der Mutter. Wer hat die längste Reihe? Der hat gewonnen!

● Schneiden Sie gleichfarbige Trinkhalme in 4 und 5 cm und bitten Sie, diese nach der Länge zu sortieren.

● Nehmen Sie Bastelstreichhölzer (ohne Zündkopf) und schneiden Sie bei einigen am unteren Ende 1 cm ab. Lassen Sie diese in zwei Gruppen der Länge nach ordnen.

● In ähnlicher Weise können Buntstift, Bleistift, Wollfäden, Papierstreifen als Material verwendet werden.

● Nehmen Sie ein Steckbrett, Stecker und einen Würfel. Würfeln Sie mit dem Kind um die Wette. Jeder darf soviel Stecker in sein Brett stecken, wie er „Augen" gewürfelt hat. Wer hat die längste Reihe? Bleiben Sie im Mengenraum der für das Kind überschaubar ist.

● Geben Sie dem Kind ein Gefühl für räumliche Abmessungen von Gegenständen. Nehmen Sie eine Schachtel mit Bleistiften, Kochlöffel, Flaschen und lassen Sie vom Kind die Größen vergleichen. Legen Sie auch zwei gleichgroße Dinge hinein.

● Vermittlung einer Reihenbildung:

Als Material nehmen Sie Trinkhalme. Lassen Sie einen Trinkhalm in voller Länge. Schneiden Sie vom zweiten 2 cm ab, 4 cm vom dritten, 6 cm vom vierten Strohhalm usw., so daß Sie sechs Strohhalme in abgestufter Länge haben. Mischen Sie die Halme untereinander und bitten Sie das Kind, diese nebeneinander anzuordnen. Vergewissern Sie sich, ob es ein Ende jeden Strohhalmes gegen etwas Gerades hält, wie den Tischrand. Kinder schauen oft nur auf das Ende des Strohhalmes, der die Treppenstufe bildet und lassen das andere Ende unregelmäßig vorstehen, so daß die Strohhalme nicht wirklich nach der Länge gelegt sind.

● Die Größenunterscheidung kann auch mit Steckpuppen (Matrjoschka) oder Tütenpüppchen gelernt werden. Das Kind nimmt die Matrjoschkapuppen auseinander und setzt jede Puppe wieder einzeln zusammen. Stellen Sie alle durcheinander auf den Tisch und lassen Sie dann die größte Puppe heraussuchen. Nacheinander wird aus der Gruppe der Puppen immer die größte herausgesucht und in eine Reihe, die mit der kleinsten Puppe endet, gestellt. Zum Schluß lassen Sie die Puppen ineinander verschwinden; das macht den Kindern viel Freude.

An einem anderen Tag nehmen Sie wieder mit dem Kind die Püppchen auseinander und stellen die Hälften auf den Tisch. Sie erzählen eine kleine Geschichte, z. B., daß die Püppchen in den Wind gelaufen sind, dabei umfielen und Rock und Oberteil durcheinandergeraten sind. Das Kind soll nun den Püppchen helfen beides wiederzufinden, was zusammenpaßt.

● Tütenpüppchen werden aus dickerem Papier (Tonpapier) hergestellt. Sie schneiden 4—6 verschieden große Kreise aus, schneiden den Kreis bis zur Mitte ein und fertigen durch Zusammenkleben einen kleinen Kegel an. Darauf malen Sie ein Gesicht, Hände und ein buntes Röckchen. Fertig ist die Puppe! Mit diesem Material können Sie ähnlich spielen wie mit den Matrjoschka-Puppen.

● Nehmen Sie Packpapier, umranden Sie mit einem Stift den Fuß/Schuh mehrerer Familienmitglieder (Vater, Mutter, Bruder, Schwester, Vorschulkind, Kleinkind). Schneiden Sie alle gemalten Füße/Schuhe aus, schreiben Sie den Namen darauf und lassen Sie alle diese Füße nach der Größe ordnen. Wer hat die größten Schuhe/Füße? Wer hat die kleinsten?

● Weitere Beispiele zur Größenkenntnis:
Kannst Du die Schüsseln der Größe nach ordnen?
Kannst Du die Gläser mit Inhalt vom vollsten bis zum am wenigsten gefüllten in eine Reihe bringen?
Kannst Du eine Familie der Größe nach nebeneinander zeichnen?
Kannst Du Karten von 1—6 (oder 10) nebeneinander legen?

Methodische Hinweise

Wenn bei dem kleinen 2- bis 3jährigen Kind die Kenntnis von klein und groß gelernt wird, ist dabei noch nicht die verbale Bezeichnung wichtig, sondern nur die optische Unterscheidung. Sprachlich begleiten Sie die Übung aber mit den betreffenden Begriffen. Erst um das 3. Lebensjahr herum wird das Kind die Begriffe zuordnen können. Gehen Sie bei der Größenunterscheidung in kleinen Schritten voran. Beherrscht das Kind die Größenunterscheidung von zwei Dingen, so gehen Sie zu drei, vier, fünf und mehr Längen- oder Größenordnungen über.

Hinweise für behinderte Kinder

Fertigen Sie als Übungsmaterial Größeneinsatzbretter (auch aus dicker Pappe herstellbar) an. Stellen Sie sich drei Einsatzbretter in der Größe 10x30 cm her und sägen/schneiden Sie in jedes Brett vier bis fünf gleiche Grundformen in unterschiedlichen Größen aus (z. B. Kreis, Dreieck, Quadrat). Die ausgesägten Formen versehen Sie mit einem Stöpsel zum Anfassen (Abb. 14). Unter das Brett kleben oder nageln Sie eine dünne Platte/Pappe, damit die Einsatzformen nicht durchfallen. Bieten Sie dem Kind zunächst das Formen- und Größenbrett des Kreises an. Es wird die Einsätze herausnehmen. Lassen Sie diese zu Beginn der Übung genau neben die entsprechende Vertiefung stellen. Führen Sie beim Einsetzen, falls erforderlich, die Hand des Kindes, damit es die passende Vertiefung findet.

Abb. 14

Je nach Entwicklungsstand erschweren Sie das Einsetzen durch Vertauschen von zwei bis fünf unterschiedlich großen Klötzen. Bei einem schwachen Kind kann es erforderlich sein, drei der Einsätze mit einem Tuch zuzudecken und nur zwei verschiedene Größen anzubieten. Bereitet das Einsetzen der verschieden großen Kreise keine Probleme mehr, erarbeiten Sie nacheinander die nächsten beiden Übungsbretter.

Das Spiel wird erweitert, indem zwei (später drei) Einsatzbretter mit unterschiedlichen Formen und Größen zur Übung genommen werden.

Die Größenunterscheidung kann später mit diesem Material so fortgesetzt werden, daß auf das Einsatzbrett verzichtet wird und die unterschiedlich großen Formen in eine Reihenfolge von groß bis klein gebracht werden.

Erweiterung der Lernsituationen durch Spielmaterial

	Hersteller
Ringpyramide	Kiddicraft
Däumlingsfässer	Kiddicraft
Bautrommel	Kiddicraft
Puzzle „Größen ordnen" (Fisch-Haus-Lok)	Kiddicraft
Großes Treppensteckbrett	Brio
Montessori Einsatzzylinder	Nienhuis/Holland
Babuschki	Eichhorn
Cuisenaire Material	Cuisenaire

46

Material *Formenbox, Formeneinsatzbretter, Spielbretter, selbst hergestellte Formenlegespiele, Formen aus Pappe geschnitten, Bildpostkarten, Bilder aus alten Bilderbüchern, Puzzlespiele*

1.9. *Förderschwerpunkt:* Formenzuordnung

Was heißt das?

Das kleine Kind nimmt zunächst nur globale Formen wahr. Feinere Unterschiede werden noch nicht erkannt. Sie müssen gesondert erlernt werden. Bevor ein Kind Formen nachlegen oder mit dem Stift wiedergeben kann, müssen ihm diese visuell vertraut sein. Etwa ab 3 1/2 Jahre interessiert sich das Kind auch für Puzzlespiele und kann einfache Formenteile wieder zusammenfügen.

Lernsituationen

● Spiel mit der Formenbox:

Ein beliebtes Spiel für ein Kleinkind ist die Formenbox. Beim Einstecken der Klötze wird deutlich, daß nicht nur die Augen kontrollieren, was die Hände tun, sondern daß hier die unterschiedlichen Umrisse des Materials erkannt werden müssen. Das Kind wird dieses Spielzeug untersuchen und nach dem Prinzip „Versuch — Irrtum" erste Lernerfahrungen machen. Doch allmählich wird es auf die Form der Klötze achten und bald herausfinden, daß z. B. der schmale Klotz nur in den schmalen Schlitz der Box paßt.

● Spiel mit Formeneinsatzbrettern:

Es gibt verschiedene Ausführungen im Spielwarenhandel. Dieses sind meist Holzbretter mit 6—8 bunten geometrischen Formen, die mit einem Stöpsel zum Anfassen versehen sind und neben der Formerfassung auch den Pinzettengriff mit Daumen und Zeigefinger trainieren (siehe Kapitel „Pinzettengriff").

● Einsatz von Spielbrettern:

Ähnlich in der Ausführung sind sogenannte Spielbretter. 8—10 Holzteile mit Bildern aus der kindlichen Umwelt können durch das Anfassen eines Stöpsels herausgenommen und wieder eingesetzt werden. Da die Motive oft gezackte Linien haben, verlangt dieses Spiel schon ein genaues Hinschauen und Vergleichen der Formen.

Zu Beginn wird das Kind auch hier probieren, wo die einzelnen Teile hineinpassen. Allmählich werden Sie beobachten können, wie es genauer hinschaut und das einzelne Stück mit der Form im Brett vergleicht (Abb. 15).

● Formen sortieren:

Sie benötigen als Material fünf verschiedene Formen, z. B. Kreis, Dreieck, Quadrat, Rechteck, Stern oder Fünfeck. Diese werden mehrmals aus Pappe ausgeschnitten und gleichfarbig angemalt oder beklebt (insgesamt ca. 20 Formen). Diese Formen legen Sie alle in einen Behälter. Dazu nehmen Sie eine Schachtel mit fünf gleichgroßen Unterteilungen, die jeweils mit einem Formenbeispiel beklebt ist. Das Kind darf nun die Formen in die entsprechend markierten Unterteilungen sortieren. Führen Sie die Hand Ihres Kindes an den Kanten der Form entlang, damit es diese auch taktil erfaßt.

Abb. 15

● Formen angeln:

Formen aus Papier schneiden und mit einer Büroklammer versehen. Dann brauchen Sie einen kleinen Stock, an dem eine Schnur mit einem kleinen Magneten befestigt ist. Die Papierformen werden in einen Karton gelegt, damit das Kind sie angeln und nach Form-Kategorien zusammenlegen kann. Selbstverständlich erwähnen Sie bei allen Formenspielen den Namen der Form. Der Schwerpunkt liegt in diesem Bereich aber beim optischen Denktraining.

● Einfache Formenlegespiele können selbst hergestellt werden. Nehmen Sie einen weißen Bogen Pappkarton in der Größe ca. 60x90 cm. Daraus schneiden Sie 6 Pappquadrate in der Größe 10x10 cm. Vier dieser Quadrate werden diagonal und senkrecht, wie nachfolgendes Muster zeigt, zerschnitten (vgl. Abb. 16—18).

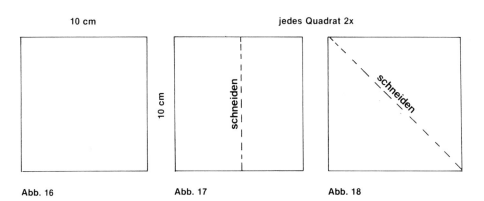

10 cm   jedes Quadrat 2x

Abb. 16   Abb. 17   Abb. 18

Auf weißem DIN A 4-Papier malen Sie in entsprechendem Maßstab folgende Muster (vgl. Abb. 19—31).

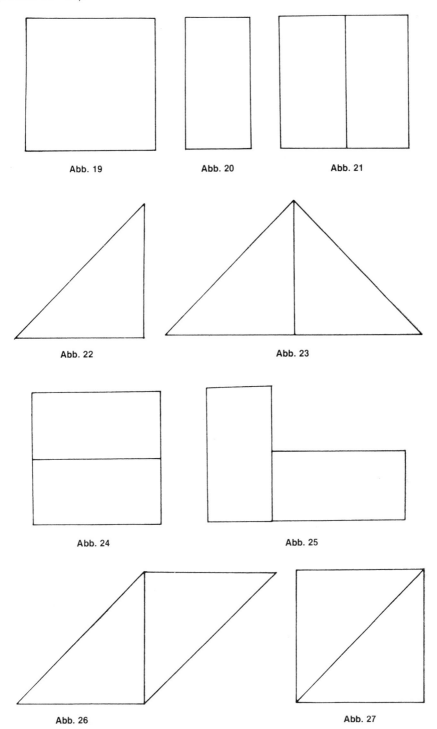

Abb. 19

Abb. 20

Abb. 21

Abb. 22

Abb. 23

Abb. 24

Abb. 25

Abb. 26

Abb. 27

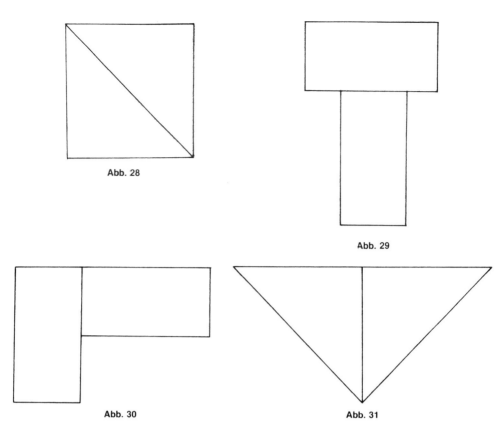

Abb. 28

Abb. 29

Abb. 30

Abb. 31

Haben Sie dieses Material zusammengestellt, so legen Sie, wenn Sie mit dem Kind spielen, eine der ausgeschnittenen Formen auf eine Schablone mit den vorgezeichneten Umrissen. Dann nehmen Sie die Form wieder herunter und bitten das Kind, anschließend das Gleiche zu tun (Abb. 33a). Fangen Sie zunächst nur mit einer oder zwei Vorlagen an und nehmen Sie später andere dazu. Ist das Kind mit den Formen vertraut, kann es eigene Figuren erfinden (vgl. Abb. 32—35).

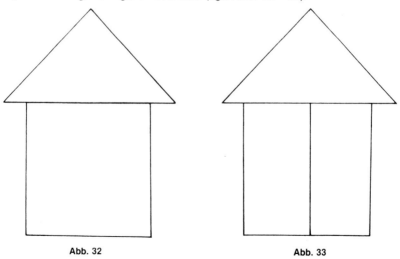

Abb. 32

Abb. 33

Abb. 33a

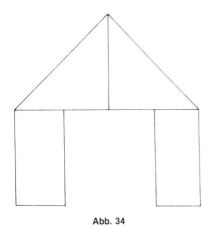

Abb. 34

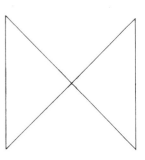

Abb. 35

51

● Puzzlespiele:

Das Zerlegen und Zusammensetzen zerschnittener Formen zu einem neuen Ganzen wird spielerisch gelernt. Handelt es sich bei den vorangegangenen Übungen um geschlossene geometrische Formen, die zu einem neuen Motiv gelegt wurden, so besteht ein Puzzlespiel aus vielen kleinen, gezackten Bildteilen, wodurch sich ein höherer Schwierigkeitsgrad ergibt.

Beginnen Sie mit einem Puzzle aus zwei Teilen. Zeigen Sie dem Kind eine Tierpostkarte, und zerschneiden Sie diese dann diagonal (von Ecke zu Ecke), so daß Sie zwei Dreiecke daraus erhalten. Verschieben Sie diese Dreiecke und bitten Sie das Kind, das Bild wieder „heilzumachen".

Erweitern Sie das Spiel, indem Sie eine zweite Karte ebenfalls diagonal zerschneiden, die vier Teile vermischen und wieder richtig zusammenlegen lassen.

● Nehmen Sie Seiten alter Bilderbücher und kleben Sie diese auf Karton auf. Dann zerschneiden Sie das Bild je nach Können des Kindes zunächst in vier bis acht rechteckige Teile, später in dreieckige Teile, wie nachfolgende Skizze zeigt (vgl. Abb. 36—38).

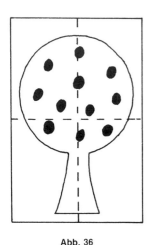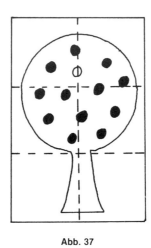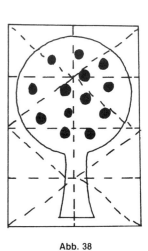

Abb. 36   Abb. 37   Abb. 38

● Sie können auch bekannte Gegenstände aus einem Katalog ausschneiden und daraus ein Puzzle machen. Die Rückseite des Puzzles sollte einfarbig, unbeschrieben und ohne ablenkende Elemente sein. Beim Aufkleben des Bildes muß unbedingt darauf geachtet werden, daß die Oberfläche glatt und eben bleibt, denn Fältchen und Schrumpeln stellen ablenkende Reize dar. Die Anzahl der Stücke soll sich nach der Fähigkeit des Kindes richten.

Methodische Hinweise

Ist das Kind in der Formenunterscheidung noch unsicher, so decken Sie beim Spiel mit dem Formeneinsatzbrett bis auf zwei oder drei Teile alle anderen mit einem Tuch zu. Die visuelle Konzentration wird, wenn noch Unsicherheiten da sind, durch ein zu großes Angebot gestört.

Bei den Zusammensetzspielen werden neben der Formerfassung immer auch Ausdauer und Konzentration geübt. Es ist wichtig, dem Kind seinem Können angemessene Puzzlespiele zu geben, d. h., es muß die Anzahl der Teile übersehen können.

Die einfachsten Puzzlespiele, die auf dem Markt sind, bestehen immerhin aus 6—9 Teilen. Wenn Sie ein solches Spiel haben, schauen Sie es sich mit dem Kind gemeinsam an. Betrachten Sie das Gesamtbild, zählen Sie die Ecken des Puzzles, machen Sie auf die geraden Linien am Rand aufmerksam und streichen Sie mit dem Finger des Kindes daran entlang. Dann entfernen Sie ein Eckteil und lassen dieses wieder einsetzen. Zunächst wird das Kind vielleicht Mühe haben, es wieder so hinzulegen, daß es hineinpaßt. Aber Übung macht den Meister. Dann nehmen Sie zwei Teile heraus, lassen diese einsetzen, später drei und erarbeiten so in kleinen Schritten das Zusammensetzen des Puzzles. Bald wird das Kind mit Freude das Puzzle „kaputtmachen" und wieder zusammenlegen.

Viele Kinder werden diese ausführliche Hilfe nicht benötigen, sondern selbst solange probieren und suchen, bis sie die Lösung gefunden haben. Sie kennen Ihr Kind und können die erforderliche Unterstützung abschätzen.

Durch Übung und Angebot von Puzzlespielen können Kinder sich zu richtigen Puzzlemeistern entwickeln. Dann ist die Anzahl der Puzzle je nach Können zu erweitern.

Hinweise für behinderte Kinder

Bei geistig behinderten Kindern ist es eine Hilfe, wenn bei der Formenbox schwierigere Einsteckformen mit Tesaband zugeklebt werden. Das Kind findet so leichter die richtigen Öffnungen und wird nicht durch ständige Mißerfolge entmutigt. Zu Beginn reichen zwei bis drei einfache Formenöffnungen.

Erweiterung der Lernsituationen durch Spielmaterial

	Hersteller
Farben und Formen	Otto Maier
Einsteckspiel	Kiddicraft
Schlüsselbox	Fischer
Sortierbaukasten (3 Formen)	Fischer
Bunte Formenbox	Playskool
Colorama	Otto Maier
Formenbrett (6 Formen)	Steinmeier
Bunter Spaß	Schroedel

Einlege-Puzzle:

Jan (7 Teile)	Otto Maier
Auf dem Markt (11 Teile)	Otto Maier
Sommerzeit (9 Teile)	Otto Maier
Fahrzeuge (8 Teile)	Otto Maier

Kiddi-Puzzle:

Feuerwehr/Vogel (9 Teile)	Otto Maier
Kuh/Flugzeug (9 Teile)	Otto Maier
Unter dem Regenschirm/Hund (9 Teile)	Otto Maier

Kontura-Puzzle:

Traktor	Otto Maier
Dampfer	Otto Maier
Auto	Otto Maier

Didakta-Puzzle:

Beim Einkaufen	Otto Maier
Auf dem Bauernhof	Otto Maier
Im Laden	Otto Maier
Straßenverkehr	Otto Maier

Puzzle (Spiel-)Bretter:

Frühstück	Steinmeier
Waschtisch	Steinmeier
Verkehr	Slelnmeler
Garage	Steinmeier
Zirkus	Steinmeier
Spielbrett	Steinmeier
Haustiere	Steinmeier

Material *Spielzeuge, Gummibärchen, Memory-Karten, Postkarten, Bleistift, Radiergummi, Tasse, Löffel, Ball, Bonbons*

1.10. *Förderschwerpunkt:* Optische Merkfähigkeit

Was heißt das?

Die optische Merkfähigkeit wurde schon im ersten Lebensjahr geübt, als etwas unter einem Tuch versteckt wurde. Die Erinnerung an etwas Gesehenes wirkt im Grunde bei allen Lernerfahrungen mit. Sie soll aber doch in nachfolgenden Spielen gesondert angesprochen werden.

Lernsituationen

● Verstecken Sie vor den Augen des Kindes und von ihm deutlich bemerkt zunächst **ein** Gummibärchen oder ein Lieblingsspielzeug und erst später **zwei.** Lassen Sie diese anschließend suchen. Wählen Sie leichte Verstecke, z. B. auf dem Sessel, hinter dem Kissen, auf dem Fensterbrett. Wechseln Sie die Rollen. Lassen Sie anschließend das Kind verstecken. Oft benutzt das Kind die gleichen Verstecke, die der Erwachsene zuvor benutzt hat.

Ist das Kind in der Lage, zwei sichtbar versteckte Dinge wiederzufinden, verstecken Sie z. B. drei Bonbons oder kleine Spielzeuge so, daß es sieht, wo Sie die Dinge hinlegen. Dann darf es loslaufen und suchen. Oft wird das zuletzt versteckte Spielzeug zuerst geholt, da der zuletzt wahrgenommene optische Eindruck noch „taufrisch" im Kurzzeitgedächtnis haftet.

Im Alter von 4 Jahren bereitet einem gesunden Kind dieses Spiel keine Probleme mehr.

Erschweren Sie die Suche durch schwierigere Verstecke, wenn dem Kind das Wiederfinden keine Mühe mehr macht.

● Ist es im Versteckspiel geübt, so können Sie allmählich damit beginnen, daß es sich beim Verstecken die Augen zuhält. Sie verstecken z. B. ein Püppchen. Geben Sie dem Kind dann aber Hilfe, indem Sie den Ort eingrenzen, z. B. in der Nähe vom Schrank, in der Ecke, wo der Sessel steht usw. Natürlich wird meist doch vorher ein wenig geblinzelt.

● Veränderungen erkennen:
Zeigen Sie dem Kind je nach Entwicklungsstand zwei oder drei Bilder (Postkarten, Memory-Karten, Quartettkarten). Dann hält es sich die Augen zu oder schaut weg. Sie legen noch ein oder zwei Bilder dazu und fragen, welche Bilder dazugekommen sind? Zu Beginn nehmen Sie am besten kraß unterschiedliche Bilder, später sollten die Motive nur geringfügige Unterschiede aufweisen (verschiedene Tiere, Kinder, Landschaften, Autos usw.).

● Stellen Sie eine Gruppe von Gegenständen (je nach Können 6—8) zusammen. Schauen Sie sich gemeinsam mit dem Kind alles an, lassen Sie die Dinge benennen und bitten Sie es dann, sich die Augen zuzuhalten. Schnell verstecken Sie zwei Gegenstände, lassen das Kind wieder schauen und fragen, was Sie weggenommen haben.

- Das Kind wird aus dem Zimmer geschickt. Vorher sieht es sich noch einmal aufmerksam um. Danach werden verschiedene Dinge im Zimmer umgestellt, z. B. Möbel, Bücher, Bilder. Das Kind wird wieder hereingerufen und soll nun herausfinden, was verändert wurde.

  Um den Schwierigkeitsgrad der Aufgabe zu steigern, können später unter Umständen auch kleine Veränderungen ausgeführt werden. Der Arm der Puppe zeigte z. B. vorher nach unten, jetzt zeigt er nach oben.

  Bei geistig schwächeren Kindern sollte man nur grobe, deutlich sichtbare Veränderungen vornehmen.

- Lassen Sie das Kind im Zimmer umherschauen, dann soll es die Augen schließen und sagen, was es alles gesehen hat.

- Machen Sie das Kind beim Spaziergang zum Spielplatz auf Dinge aufmerksam, die ihm helfen, sich den Weg zu merken. Lassen Sie es Wegführer sein und gehen Sie auch einmal bewußt falsch, damit es Sie aufmerksam machen muß und den richtigen Weg zeigen kann.

- Nehmen Sie sich gelegentlich viel Zeit zum Einkaufen. Wenn das Kind Dinge beobachtet und Neues entdeckt. Schauen Sie mit ihm gemeinsam hin und sprechen sie über das, was sie sehen.

- Verbinden Sie mit bestimmten Orten kleine Erlebnisse, z. B. das Entenfüttern im Park, das Schaukeln auf dem Spielplatz, der Bauernhof mit den Pferden und Kühen.

- Fehlendes erkennen (Abb. 39):
  Bieten Sie dem Kind Bildmaterial an, auf dem ein wesentlicher Teil des Abgebildeten fehlt, z. B. ein Rad an einem Roller oder ein Ärmel an einem Mantel. Sie können auch selbst einfache Motive malen und markante Dinge weglassen: Uhr ohne Zeiger, Haus ohne Fenster, Haus ohne Türen, Kaffeekanne ohne Henkel, Auto ohne Räder.

- Gerne malen Kinder auf Arbeitsblättern fehlende Dinge ein. Auf diesen Blättern ist das erste Bild vollständig, während an allen anderen Figuren etwas vergessen wurde. Schauen Sie sich gemeinsam eine Figur nach der anderen an und lassen Sie jeweils das Fehlende einmalen.

Hinweise für behinderte Kinder

Behinderte Kinder brauchen bei der Entdeckung der Welt mehr die Hilfe des Erwachsenen als andere Kinder. Nehmen Sie sich Zeit, auf Dinge aufmerksam zu machen. Gestalten Sie neues Lernen und Beobachten erlebnisreich und für das Kind erfolgreich. Festigen und vertiefen Sie durch Bilderbücher-Betrachten, Erzählen und Wiederholen das neu Geschaute und neu Erlebte. Beachten Sie bei allen Lernsituationen das Prinzip der kleinen Schritte. Die optische Speicherungsfähigkeit vieler dieser Kinder ist gering. Sie vergessen Gesehenes und Erlerntes relativ schnell, wenn es nicht durch Wiederholen gefestigt wird.

Abb. 39

Erweiterung der Lernsituationen durch Übungs- und Spielmaterial

	Hersteller
Verstecken	Otto Maier
Koffer packen	Otto Maier
Was fehlt?	Otto Maier
Was fehlt?	
(Motiv Apfel—Haus—Hahn—Lokomotive)	Mertens
Kinder-Memory	Otto Maier
Symmetrix	Otto Maier
merks's	Spear
Simile Serie	Jugend und Volk
Differix	Otto Maier
Schau genau	Otto Maier
Mini-LÜK Arbeitgerät, dazu Arbeitshefte:	
Mini-LÜK für Vorschulkinder 1, 2, 3, 4	Vogel

Material   *Kleinmaterial zum Zählen (Legosteine, Kugeln, Knöpfe, Eicheln, Kastanien, Perlen), selbsthergestellte Punktkarten und Ziffernkarten, selbsthergestellte Mengen-Uhr, Punktwürfel, Muggelsteine, Legestäbchen, Legetäfelchen, Wäscheklammern, 6 Plastikbecher, Strohhalme, 6 Kunststoffdeckel von Kaffeedosen, 6 Pappkartons als Garagen, 6 Autos, Filzreste, 1 Bogen Pappkarton, Filzstifte*

1.11. *Förderschwerpunkt:* Mengenerkennung

Was heißt das?

Kinder zeigen für alles, was sie umgibt großes Interesse. Dazu gehört auch, daß sie spielerisch zunächst verschiedene Mengen optisch vergleichen, ohne sie zunächst mit einer Zahl zu belegen. Am leichtesten wird die Menge „1" erfaßt. Dazu im Gegensatz steht die Menge „viel". Ist diese Unterscheidung sicher, so kann zu der Mengenvorstellung „2" übergangen werden.

Um den Mengebegriff zu erweitern, sollte aber die Zahlwortreihe schon vorher in Anfängen erarbeitet worden sein (1, 2, 3, 4, 5). Ist es zunächst nur ein schematisches Auswendiglernen von Begriffen, so sollen die Zahlworte allmählich konkreten Bezug zu Objekt-Mengen erhalten. Systematisch wird so der Mengenbegriff aufgebaut und gefestigt. Der sichere Umgang mit konkretem Material ist Voraussetzung für alle späteren Zahlvorstellungen und Rechenoperationen.

Lernsituationen

● Menge 1:

Nehmen Sie aus einem mit Knöpfen, Kastanien, Legosteinen, Kugeln oder Eicheln gefüllten Behälter ein einziges Stück heraus und zeigen Sie dieses dem Kind, indem Sie ihm die offene Hand, z. B. mit der Kugel, hinhalten. Nehmen Sie mit der anderen Hand ebenfalls eine Kugel, und halten Sie beide Hände zum Vergleich hin. Dann werden die Kugeln wieder zurückgelegt. Anschließend nehmen Sie wieder eine Kugel in Ihre Hand und fordern das Kind auf: „Hole Dir auch eine Kugel und tue sie in Deine Hand!" Danach werden die Kugeln wieder zurückgelegt. Dann greifen Sie in den Behälter, holen viele Kugeln heraus und legen Sie in Ihre offene Hand. Das Kind soll das gleiche tun. So wird das Spiel einige Male wiederholt, wobei zwischen der Menge „1" und „viel" unterschieden wird. Die Mengenbezeichnung mit den Worten „eins" und „viel" kann unterstützend gebraucht werden. Wichtig ist aber zunächst, daß das Kind den Unterschied nur vom Auge her erfaßt.

● Fertigen Sie sich ca. zehn Karten aus weißem Karton in der Größe von Spielkarten an. Mit einem Locher stanzen Sie aus einfarbigem Papier kleine runde Kreise aus. Auf fünf der Karten kleben Sie nur einen kleinen Kreis auf, fünf andere Karten werden mit vielen kleinen Kreisen beklebt. Die Karten werden nun auf dem Tisch ausgebreitet. Nehmen Sie die Karte mit einem Punkt heraus und bitten Sie das Kind, eine gleiche Karte herauszusuchen. Dann halten Sie eine Karte mit vielen Punkten hoch, und das Kind sucht ebenfalls eine Karte mit vielen Punkten heraus. Zum Schluß werden alle Karten auf den jeweiligen Stapel mit einem oder vielen Punkten gelegt.

Um dieses Spiel ein anderes Mal abzuwandeln, können Sie die Karten mit den Punktbildern umgedreht auf dem Tisch ausbreiten. Mit noch mehr Spannung wird das Kind die Karten aufheben und entsprechend der Menge „1" und „viel" ordnen.

● Beim Blumenpflücken, beim Beerenpflücken, am Strand mit Steinen, im Wald mit kleinen Kiefernzapfen, wo es sich gerade ergibt, lassen sich Spiele zur Einübung des Mengenbegriffs einbauen.

● Menge 2:
Sie nehmen einen Kindertisch und zwei Stühle (oder Puppenmöbel). Bitten Sie das Kind, die Stühle zu zählen: „Wieviel Puppen können wir an den Tisch setzen?" „Zwei."

„Die Puppen wollen Mittagessen. Wieviel Teller brauchen Sie?" Lassen Sie die Teller hinstellen und zählen. „Eins, zwei." Dann werden die Bestecke, die Tassen und Untertassen gezählt.

● Fertigen Sie eine Mengenuhr nach folgendem Muster an: Nehmen Sie ein rundes Stück dicke Pappe oder Sperrholz in der Größe 30x30 cm. Darauf zeichnen Sie acht Felder (siehe Abb. 40) und malen ein und zwei Punkte so ein, daß die Punktzahl später noch ergänzt werden kann. In der Mitte befestigen Sie einen Zeiger, der sich leicht drehen läßt. Als Zählmaterial können Sie Perlen nehmen und auffädeln lassen (Perlengröße je nach handgeschicklichem Können des Kindes). Abwechselnd dreht einmal das Kind und einmal der Erwachsene den Zeiger und fädelt die angezeigte Menge Perlen auf seine Schnur.

Wer hat zum Schluß die längste Kette? Bestimmen Sie die Spieldauer je nach Lust und Ausdauer des Kindes. Ist die Menge „2" für das Kind überschaubar, malen Sie Punkte dazu, um die Menge „3" einzuüben. Später folgt die Menge 4, 5 usw.

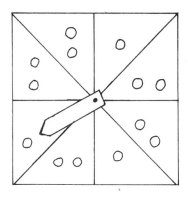

Abb. 40

● Spielen Sie Ein- und Verkaufen. Dabei wird mit einer oder zwei Spielmünzen bezahlt. Sie können auch auf die Ware entsprechende Punktzahlen (bis 2) aufmalen. so daß das Kind dann selbst zählen kann, wie teuer der angebotene Artikel ist.

● Die Mutter hat einen Korb voller kleiner Spieldinge. Als Material für dieses Spiel eignen sich: Muggelsteine, Stecker, Legetäfelchen, Legestäbchen, kleine Spieltiere, Autos, Spielgeld, Steine, Muscheln, Kastanien, Nüsse.

Die gleichen Gegenstände, nur in doppelter Anzahl befinden sich in einer großen Schale oder in einem Karton auf dem Tisch. Das Kind nimmt sich einen Gegenstand aus dem Korb der Mutter und wird aufgefordert, aus der Schale auf dem Tisch sich von diesem Material 2 Stück zu holen. Dann kommt es wieder zurück, zeigt die zwei Dinge, legt sie paarweise auf den Tisch und gibt den ersten Gegenstand wieder ab. Anschließend nimmt es sich einen neuen Gegenstand und holt davon wieder zwei Teile. Liegen mehrere Sorten von Gegenständen auf dem Tisch, berichtet das Kind, was es alles geholt hat. „Dort liegen 2 Autos, 2 Stecker, 2 Tiere, usw.

● Menge 3:

Nach und nach sollte das Kind lernen, die Menge der Gegenstände durch Zählen zu erfassen. Drei ist eins größer als zwei, aber um eins kleiner als vier. Drei nimmt den 3. Platz in der Rangreihe 1—3 ein.

Die Zahl ist ja nicht nur Ausdruck der Anzahl, sondern symbolisiert auch die Stelle in einer Rangreihe. Beim Zählen sollte jeder Gegenstand angefaßt werden. Sagen Sie z. B.: „Laß uns die Löffel zählen, damit wir sehen, wieviele wir haben. Eins (fassen Sie den Löffel an), zwei (berühren Sie den 2.), drei (der 3. wird berührt) usw.

Was kann gezählt werden?

Die Knöpfe am Mantel, die Fenster im Zimmer, die Stühle in der Küche, anwesende Personen, Spielsachen, beim Bügeln die Taschentücher, die Milchdosen im Kühlschrank, die Schritte beim Gehen, die Treppenstufen im Haus.

Wenn es mehr sind und das Kind nur bis sechs zählen kann, fangen Sie wieder von vorne an.

● Mengenunterscheidung 4—6:

Ist der Mengenüberblick bis 3 für das Kind überschaubar, gehen Sie zu der Menge 4, 5, 6 in ähnlicher Weise über. Nehmen Sie unlinierte Karteikarten (Größe DIN A 6) und malen Sie darauf Punkte der Menge, die das Kind gerade lernt (Beispiel 1—6). Für jede Menge gibt es mehrere Karten, jedoch soll keine Karte dieselbe Anordnung der Punkte haben. Die Karten der Zahl 3, 4 und 5 könnten z. B. so aussehen (Abb. 41).

Menge 3

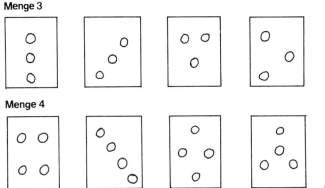

Menge 4

Abb. 41

Menge 5

Abb. 41a

● Um den Tisch laufen:

Diese Übung wendet sich an das bei Vorschulkindern sehr ausgeprägte Bewegungsgedächtnis. Ihr Kind läuft um den Tisch. Es bekommt von Ihnen 1, 2 oder 3 Kugeln in die Hand oder in die Tasche und darf so oft um den Tisch laufen, wie die Kugeln reichen. Nach jeder Runde legt es eine Kugel in eine Schale. Zählen Sie bitte laut und deutlich mit: „Eins, zwei drei." Eine ähnliche Übung wäre: Die Menge auf den Tisch klopfen, auf den Boden stampfen, oder so oft hüpfen, wie das Kind Kugeln hat.

● Äpfel tasten (Abb. 42):

Legen Sie drei Äpfel (es können auch Apfelsinen, Bauklötze, Dosen sein) auf den Tisch. Verfügt das Kind über den Zahlenbegriff 3 hinaus, können es auch mehrere Dinge sein. Verbinden Sie ihm die Augen. Es soll die Äpfel blind zählen. Die verbundenen Augen erhöhen die Konzentration und neben dem Sehen und dem Bewegungssinn wird hierbei auch der Tastsinn eingeschaltet, um dem Kind einen wirklich plastischen Zahlenbegriff zu vermitteln.

Abb. 42

61

● Kennenlernen von Ziffern:

Ist das Kind mit Mengen gut vertraut, ist der Zeitpunkt erreicht, wo es zu den konkreten Gegenständen die abstrakte Zahl nicht nur als Punktwert, sondern als Ziffer erfassen sollte. Malen Sie auf einzelne Blätter mit Filzstiften zunächst die Ziffern 1—5. Legen Sie dann nur das Blatt mit der 1 auf den Boden. Daneben legen Sie einen Baustein und sagen: ,,Das ist Eins!'' Dann tauschen Sie den Baustein gegen ein Spielauto ein und verdeutlichen wieder: ,,Das ist Eins!''

Das Kind soll nun auch einen Gegenstand suchen, das Auto austauschen, dafür etwas anderes hinlegen, vielleicht einen Ball. Wenn Sie glauben, daß es die ,,1'' verstanden hat, kommen nach und nach die anderen Zahlen dran. Jeden Tag höchstens eine neue Zahl. Es sollte durch diese Spiele angeregt werden, das Zahlwort zu gebrauchen und es sinnvoll, d. h. nicht nur als leere, bedeutungslose Worthülse, anzuwenden (Abb. 43).

Abb. 43

● Ziffern fühlen:

Besorgen Sie sich einige Bögen feines Sandpapier und schneiden Sie daraus mit einer alten Schere kräftige Ziffern aus, etwa 20 cm groß. Kleben Sie diese auf ein Stück Karton.

Das Kind fährt die Ziffern mit dem Zeigefinger nach. Achten Sie darauf, daß es die Bewegung nur in Schreibrichtung ausführt. So prägt sich über Tastsinn und Bewegung die Gestalt der Ziffer ein.

Beginnen Sie mit der Zahl 1 und 2 und bauen Sie je nach Vermögen des Kindes den Zahlenraum langsam auf.

● Die Namen der Grundzahlen:

Als Material benötigen Sie fünf Elemente (gleiche Bauklötze, Knöpfe, aus Pappe ausgeschnittene Dreiecke, Kreise oder Quadrate).

Arrangieren Sie z. B. die Quadrate horizontal und zählen Sie mit dem Kind: 1—2—3—4—5 (Abb. 44).

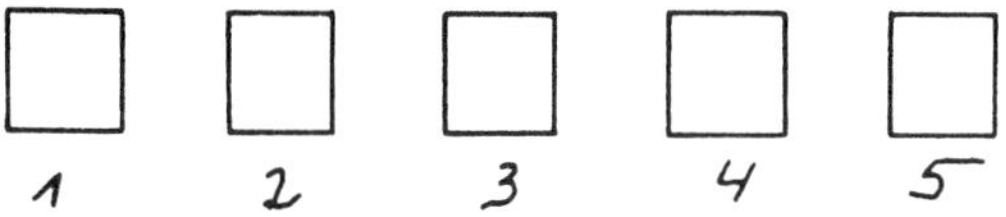

Abb. 44

Dann legen Sie die Quadrate vertikal und zählen erneut: 1—2—3—4—5 (Abb. 45).

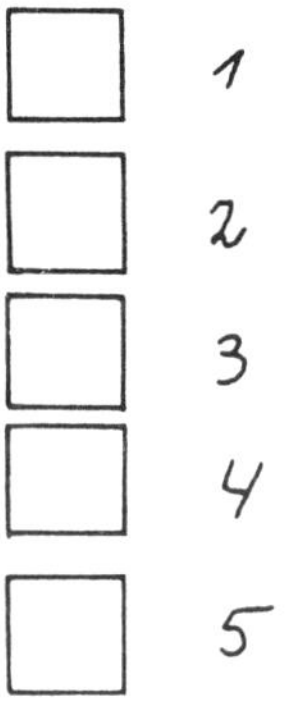

Abb. 45

Dann legen Sie die Quadrate in folgende Anordnung und zählen von links nach rechts 1—2—3—4—5 (Abb. 46):

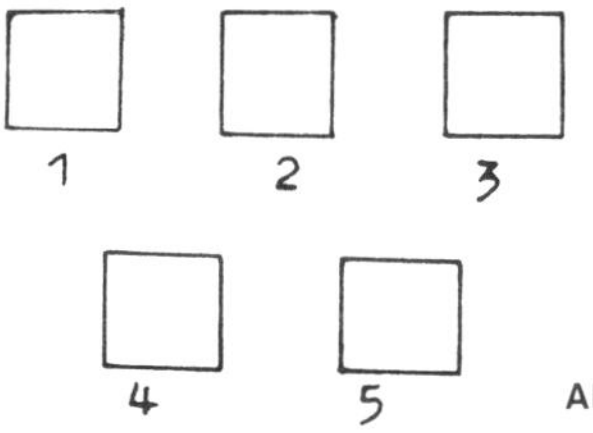

Abb. 46

Diese Übung soll verdeutlichen, daß die Quantität der Menge gleichbleibt, auch wenn sie in unterschiedlicher Anordnung erscheint.

● Halten Sie vier Finger in die Höhe und bitten Sie das Kind, diese zu zählen. Halten Sie in anderer Zusammensetzung vier Finger hoch (z. B. zwei Finger jeder Hand) und fragen Sie, ob das die gleiche Zahl ist. Wechseln Sie die Kombination eines Zahlenbegriffes so lange, bis Sie die Gewißheit gewinnen, daß das Kind die Menge erfaßt hat.

● Becherspiel:

Als Material benötigen Sie sechs einfarbige Becher (Joghurt- oder Plastikbecher). Auf diese Becher werden Zahlen von 1—6 gemalt oder geklebt. Weiter benötigen Sie ca. 20—25 Holzspatel oder Strohhalme. Das Kind stellt nun in jeden Becher die passende Anzahl Strohhalme.

Leiten Sie das Spiel etwa folgendermaßen ein: „Welche Zahl steht auf diesem Becher?" Zeigen Sie auf einen Becher und lassen Sie die Zahl sagen. „Kannst Du genau so viele Strohhalme hineinstellen? Kannst Du die anderen Becher auch mit Strohhalmen füllen? Wieviele Strohhalme gehören nach Deiner Meinung in diesen Becher? Sind in diesem Becher genau so viele Strohhalme wie in dem anderen?"

● Autogaragenspiel:

Sie benötigen sechs Pappkartons, die als „Garagen" hergerichtet und angemalt werden. Auf die Dächer der Garagen werden die Zahlen von 1—6 gemalt oder geklebt. Weiter benötigen Sie sechs verschiedenfarbige Spielautos. Auf die Dächer der Autos werden die Punkte 1—6 gemalt oder geklebt. Das Kind stellt nun die Garagen auf und schiebt die passenden Autos hinein.

● Apfelbaumspiel:

Als Material benötigen Sie sechs Pappen in DIN A 4-Format, grünen Filz für die Baumkronen und braunen Filz für die Stämme. Aus rotem Filz schneiden Sie Äpfel (Kreise) aus. Auf jede Pappkarte kleben Sie eine Baumkrone und einen Stamm. Unter den Stamm werden die Zahlen 1—6 geschrieben. Aus dem roten Filz fertigen Sie 21 Äpfel an. Das Kind legt die Baumkarten vor sich hin. Dann legt es die passende Anzahl „Äpfel" auf jede Baumkrone.

Das Spielgespräch könnte etwa so verlaufen: „Wieviele Äpfel mußt Du an diesen Baum hängen? Steht die Zahl ‚6' auch unter dem Stamm? Wenn Du vier Äpfel vom Baum abpflückst, wieviele Äpfel hängen dann noch am Baum?" (Abb. 47)

Abb. 47

Erweiterung der Lernsituationen durch Spielmaterial

	Hersteller
Bunte Lernspielkiste 1	Schrödel
Mengendomino	Otto Maier
Rädchenspiel	Selecta
Glückskäfer-Domino	Otto Maier
Zahlendomino	Otto Maier
Erstes Rechnen	Otto Maier
Mengenuhr	Staneker
Apfelbaumspiel	Staneker
Mengenquartett	Staneker
Äpfelchen	Otto Maier
Spiel mit Mengen und Zahlen	Otto Maier
Einertrainer 1—5	Heinevetter
Rechnen 0—11	Heinevetter

Zahlenbilderbücher:

Ich kann zählen v. Dick Bruna	Otto Maier
Die kleine Raupe Nimmersatt v. Eric Carle	Stalling
Gute Reise bunter Hahn v. Eric Carle	Stalling
Das goldene 1x1	Hoch

Material

Spielzeugautos, Plastiktiere, Abbildungen von Obst, Blumen, Möbel, Werkzeug, Dinge aus dem Haushalt, Sachbilderbücher mit bestimmten Themen, Gegenstände aus Holz, Plastik, Glas, Papier, Metall

1.12. *Förderschwerpunkt:* **Zuordnung nach Oberbegriffen**

Was heißt das?

Mit Hilfe unserer Sprache werden Gegenstände, Pflanzen, Tiere usw. durch Oberbegriffe kategorisiert. Man spricht von Werkzeug, Möbel, Eßwaren, Obst, Blumen, Haustieren, Vögeln usw. Bevor ein Kind die jeweilige Wortbezeichnung lernt, sollte es Dinge gemeinsamer Eigenschaften oder Funktionen mit den Augen und Händen zu Gruppen ordnen, z. B. Kleidungsstücke, Spielsachen usw.

Je mehr Erfahrungen ein Kind im Umgang mit all den Dingen hat, desto schneller werden ihm die begrifflichen Zusammenhänge klar. Das im Spiel geübte Ordnen nach gemeinsamen Merkmalen hat großen Wert für die geistige Entwicklung des Kindes. Es sollte deshalb in vielfältiger Weise geübt werden, mit konkretem Material, mit Abbildungen und später durch Wortspiele. Dabei sollte darauf geachtet werden, daß nicht nur nach einem Oberbegriff zugeordnet wird, sondern daß die verschiedensten Merkmale jeweils einmal im Vordergrund stehen. Ein Kind muß die Erfahrung machen, daß ein und derselbe Gegenstand von verschiedenen Gesichtspunkten her betrachtet und eingeordnet werden kann.

Beispiel (Abb. 48):

Das ist ein Apfel   Das ist eine Birne

Abb. 48

Er fühlt sich hart an,   Sie fühlt sich weich an,
ist ganz grün,   ist gelb, schmeckt süß.
schmeckt sauer.

Apfel und Birne gehören zusammen, weil

1. beides Früchte sind;
2. man beides essen kann, es sind Nahrungsmittel.

Lernsituationen

● Suchen Sie aus der Spielkiste 4—6 kleine Spielzeugautos und 5—6 kleine Plastiktiere heraus. Setzen Sie sich mit dem Kind an den Tisch oder auf den Fußboden und sortieren Sie nun alle Autos auf einen Platz und alle Tiere auf einen anderen Platz. Dann bringen Sie die Ordnung wieder durcheinander und erzählen dem Kind z. B.: „Die Tiere müssen vor den Autos gerettet werden, suche alle Tiere heraus und stelle alle Autos zusammen!" (Abb. 49)

● Statt der genannten Gegenstände könnten Sie Bilder aus Katalogen und Zeitschriften ausschneiden. Diese Abbildungen legen Sie auf den Tisch und bitten das Kind:

„Gib mir alle Bilder, auf denen etwas zum Essen abgebildet ist!'' (Lebensmittel)
„Gib mir alle Bilder, auf denen Sachen zum Anziehen sind!'' (Kleidung)
„Gib mir alle Karten, auf denen etwas zum Spielen abgebildet ist!'' (Spielsachen)

● Wenn Sie mit Ihrem Kind gemeinsam seine Spielkiste oder seinen Spielschrank aufräumen, lassen Sie die Sachen nach Oberbegriffen einräumen. „In diese Kiste kommen alle Tiere. In die Schublade kommen alle Autos. Die Puppenmöbel (Schrank, Bett, Tisch, Stuhl) kommen in die Puppenstube.''

● Machen Sie das Kind auf Tiere aufmerksam und schauen sie sich diese gemeinsam an. Streicheln Sie die Katze und nehmen Sie die Hand des Kindes, damit es vorsichtig das Fell anfassen kann. Erzählen Sie, wo das Tier lebt, schläft, ob man es anfassen kann oder was es frißt. Mit zu den ersten Tieren, die ein Kind kennt, gehören: Katze, Hund, Kuh, Vogel, Affe, Ente, Schwein, Pferd, Hase, Elefant und Giraffe.

● Um Kinder mit Tieren bekanntzumachen, können Bilderbücher oder Lottospiele eingesetzt werden.

● Besorgen Sie sich eine Reihe von Plastiktieren, die Sie in jedem Kaufhaus recht naturgetreu und farbenfroh angeboten bekommen. Auch an einem Spiel-Bauernhof haben Kinder Freude und lernen die Welt der Haustiere kennen. Ein Erlebnis ist es, dann auf einen richtigen Bauernhof zu gehen oder den Urlaub dort zu verbringen.

● Etwa um das 4. Lebensjahr können Lernsituationen des häuslichen Alltags aufgegriffen werden.

Sie sind in der Küche und wollen Mittagessen kochen. Beziehen Sie das Kind mit ein und lassen Sie alles zeigen, holen und benennen, was Sie zum Kochen brauchen.

„Zum Kochen braucht man einen Topf. Zum Kochen braucht man Wasser." Wenn einiges zu diesen Fragen zusammengetragen ist, wenden Sie sich einem nächsten Gebiet zu.

Beispiele:
„Was braucht man zum Kuchenbacken?" Schüssel, Löffel, Rührgerät, Kuchenblech, Kuchenform, Backofen, Mehl, Milch, Eier, Butter, Zucker.
„Was braucht man, wenn man den Tisch decken will?" Tischtuch, Teller, Messer, Gabeln, Löffel, kleine Löffel, Tassen, Untertassen, Kanne.

● Kategoriefremdes finden:
Ist ein gewisser Lernbestand im Ordnen und Zuordnen nach Oberbegriffen (Kategorien) vorhanden, so verändern Sie die Lernsituation. Aus einer Reihe von Abbildungen oder Gegenständen, die alle etwas gemeinsam haben, soll das herausgefunden werden, was diese Gemeinsamkeit nicht hat.

Sie können dieses Spiel einfach oder schwer gestalten; das hängt von der geistigen Entwicklung des Kindes ab. Beginnen Sie mit wenigen Sachen. Wenn es rasch herausgefunden hat, was nicht dazu gehört, erschweren Sie die Übung.

Als Material für Spiele dieser Art verwenden Sie: Knöpfe, Murmeln, Flaschenkorken, Münzen. Legen Sie z. B. in eine kleine Schale mehrere Knöpfe und eine Murmel. Zeigen Sie dem Kind diese Schale und sagen Sie: „Sieh Dir einmal diese Schale mit den vielen kleinen Dingen an. Das sind alles Knöpfe. Siehst Du auch etwas, was da nicht hineingehört?" Findet das Kind die Kugel, freuen Sie sich mit ihm über den Erfolg.

● In ähnlicher Weise können Sie das Spiel mit Bildmaterial durchführen. Schneiden Sie aus Katalogen Bilder von Möbeln, Tieren, Kleidungsstücken, Musikinstrumenten, Geschirr, Werkzeugen, Blumen aus und kleben Sie auf eine Briefkarte je ein Bild. Dann legen Sie fünf bis sechs Bilder mit Werkzeugen auf den Tisch und mogeln in diese Reihe ein Bild mit einem Tier. Nun soll das Kind sich die Bilder anschauen. „Fällt Dir etwas auf, wenn Du Dir die Reihe anschaust?" Geben Sie nur soviel Hilfestellung, wie notwendig. Fällt dem Kind nichts auf, dann können Sie weiterhelfen, in dem Sinne: „Eine Karte paßt nicht in diese Reihe, zeige mir welche?" Hat es die richtige Karte berührt, fragen Sie: „Warum paßt diese nicht zu den anderen?" Es ist wichtig, daß es inhaltlich versteht, warum die Karte in diese Kategorie nicht hineinpaßt.

● Ist das Kind im Herausfinden von Kategoriefremdem geübt, erschweren Sie die Spiele, indem Gruppen aus Holz, Metall, Glas, Papier, Kunststoff gebildet werden und ein anderes Material dazugelegt wird, das herausgefunden werden soll.

Erwähnt werden muß noch, daß von dem Kategoriefremden nur ein bis zwei Teile vertreten sein sollten.

Methodische Hinweise

Überfordern Sie das Kind nicht, indem die Bezeichnungen der Oberbegriffe zu früh eingebracht werden. Umschreiben Sie in leicht verständlichen Worten die Gruppe. Wenn die Zuordnung mühelos gelingt, nennen Sie die Oberbegriffe, so daß sie vom akustischen Verständnis her aufgenommen werden und eines Tages in Beziehung zu den jeweiligen Dingen gebracht werden können. So lernt das Kind, daß manche Dinge Gemeinsamkeiten haben, zusammengehören und einen Sammelnamen haben. Zunächst erfaßt es vom Visuellen die Zusammengehörigkeit. Erst ganz allmählich entwickelt sich die Abstraktionsfähigkeit, und der Wortschatz wird durch die Oberbegriffe erweitert.

Es gibt Bücher mit bestimmten Themen (Tiere, Blumen, Fahrzeuge). Die Kinder schauen gerne hinein, fragen und möchten mehr davon wissen. Beim Kaufmann, Bäcker, beim Spaziergang oder im Urlaub begegnen sie den Dingen wieder und können durch neues Erleben und Begegnen ihr Wissen über bestehende Gemeinsamkeiten festigen und erweitern.

Erweiterung der Lernsituationen durch Spielmaterial

	Hersteller
Die Bilderschule	Carlsen
Shopping	Finken
Kindergartentrainer	Heinevetter
Lottino	Otto Maier
Sehen — Hören — Sprechen 1 und 2	Otto Maier
Zoo-Lotto	Otto Maier

Didacta-Puzzle:

Auf dem Bauernhof	Otto Maier
Im Laden	Otto Maier
Was fliegt	Otto Maier
Was schwimmt	Otto Maier

Bilderbücher:

vom Korn zum Brot v. Ali Mitgutsch	Sellier
Vom Kakao zur Schokolade v. Ali Mitgutsch	Sellier
Vom Nest zum Vogel v. Marlene Reidel	Sellier
Vom Gras zur Butter v. Ali Mitgutsch	Sellier

Material *Knöpfe, Spielzeughäuser mit spitzen und flachen Dächern, Bilderbü-*
cher, Stecker und Steckbrett, Legestäbchen, Buntstifte, Papier, Aus-
stechformen, Logische Blöcke

1.13. *Förderschwerpunkt:* **Figurgrunderkennung**

Was heißt das?

Wir erkennen diejenigen Objekte am deutlichsten, auf die wir unsere Aufmerksamkeit richten. Dieser ausgewählte optische Reiz bildet die „Hauptfigur" im Wahrneh-
mungsfeld, während die anderen Reize nur vage wahrgenommen werden und den
Hintergrund bilden. So hat z. B. ein kleiner Junge, der auf dem Spielplatz das Eimer-
chen im Sandkasten haben möchte, seine Aufmerksamkeit auf den Eimer gerichtet,
der **die** Figur in der Szene des Spielplatzes ist. Schaukel, Schippe oder andere Kinder stehen nicht im Mittelpunkt seiner Aufmerksamkeit. Er nimmt sie wahrscheinlich gerade soweit wahr, um nicht mit ihnen zusammenzustoßen.

Das menschliche Gehirn ist so eingerichtet, daß es aus der Gesamtzahl von einströ-
menden Reizen momentan nur jeweils einen einzigen auswählt und ihn zum Mittelpunkt des Interesses macht. Ist diese „Figur-Grund-Differenzierung" nicht möglich,
so liegt eine Wahrnehmungsstörung vor.

Lernsituationen

● Bitten Sie das Kind, bestimmte, von Ihnen benannte Gegenstände aus Schachteln, in denen sich viel Krimskrams befindet, herauszusuchen. Zunächst sollten
sich die in der Schachtel liegenden Sachen deutlich voneinander abheben, später können die Unterschiede kleiner sein.

● Aus einer Schachtel mit runden Knöpfen kann ein eckiger gesucht werden. Aus
einer Schachtel mit Spielzeughäusern können zunächst die Häuser mit spitzem
Dach herausgesucht werden, dann die mit einem flachen Dach (vgl. „Kategoriefremdes finden" im Kap. „Zuordnung nach Oberbegriffen").

● Auf Spaziergängen können die Eltern durch Fragen auf Einzelheiten aufmerksam
machen: „Siehst Du die gelbe Blume dort? — Wer sieht den Vogel im Gebüsch,
den Hasen auf der Wiese?"

Oder vor einem Spielwarengeschäft: „Siehst Du die kleine Lokomotive? — Ich sehe einen Hampelmann!" usw.

● Betrachten Sie Bilderbücher und suchen Sie bestimmte Dinge auf dem Bild: Den
Hasen im Gebüsch, den Pilz im Wald, den Käfer auf der Wiese (vgl. auch Kap.
„Bilderkennung").

● Wenn die Formerkennung (siehe Kap. „Umgang mit Formen") beherrscht wird,
gestalten Sie die Aufgaben schwieriger, indem sich überschneidende Figuren
eingeführt werden. Dabei umschließt eine Figur einen Teil der anderen.

Fangen Sie mit zwei benachbarten Figuren an, d. h., zwei Formen berühren sich.
Lassen Sie diese mit Streichhölzern legen, mit Steckern nachstecken oder mit
dem Stift abmalen (Abb. 50).

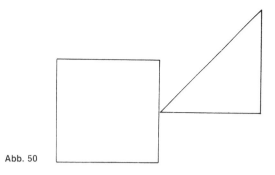

Abb. 50

● Lassen Sie zwei gleiche Formen überlappen. Später nehmen Sie eine dritte hinzu (Abb. 51—52).

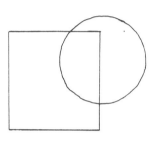

Abb. 51

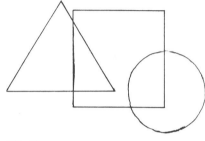

Abb. 52

Die Figuren sollten mit jeweils einem andersfarbigen Buntstift umfahren oder nachgemalt werden, so daß sie sich voneinander abheben.

● Nehmen Sie zum Umranden Formen aus dem Material der „Logischen Blöcke" und lassen Sie das Kind selbst einige Formen übereinander malen. Zum Umranden und Übermalen verschiedener Formen eignen sich auch Ausstechformen, wie sie zur Weihnachtsbäckerei benötigt werden.

Erweiterung der Lernsituationen durch Spielmaterial

	Hersteller
Wahrnehmungstraining v. Marianne Frostig Heft 1, 2, 3 und Anweisungsheft	Crüwell Verlag
Wie kleine Kinder denken lernen v. Andreas Anderson Heft 5/1, 5/3	Hyperion Verlag

Material   *Seil, Kreide, Papier, Buntstifte, Tesaband, Knete, Ton, Muggelsteine, 4 Bögen Pappe, Spielzeugauto, Logische Blöcke, Legestäbchen, Plastik-Buchstaben, Sandpapier, selbst gefertigte Schablonen*

1.14. *Förderschwerpunkt:* **Umgang mit Formen**

Was heißt das?

Schon seit dem 2. Lebensjahr werden dem Kind im Spiel Formen angeboten. Handelte es sich zunächst um eine bloße Formenzuordnung, so wird ab dem 4. Lebensjahr die Formenkenntnis vertieft, da dies ein Fundament für spätere Lernschritte darstellt.

Lesen, Schreiben und Rechnen setzen die Fähigkeit zur Formenerkennung und Formenwiedergabe voraus.

Der Einsatz der „logischen Blöcke" ermöglicht eine spielerische Vorbereitung für die Mengenlehre in der Schule.

Lernsituationen

● Der Kreis (Abb. 53):

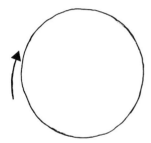

Abb. 53

Von den drei Grundformen ist der Kreis für das Kind am einfachsten zu erfassen. Er hat keine Ecken, sondern es geht einfach „rundherum". Lassen Sie das Kind auf einem mit einem Seil gelegten oder gemalten Kreis entlanggehen oder entlangkriechen. Der Kreis soll einen Durchmesser von 2—3 Meter haben. Es soll das Gefühl bekommen, immer weiter herum- und herumzugehen. Lassen Sie es im Uhrzeiger-, aber auch in umgekehrter Richtung üben.

● Lassen Sie das Kind auf einer vorgegebenen Kreislinie nach Musik herumtanzen und -springen.

● Nehmen Sie die Arme des Kindes und lassen Sie diese im Kreis herum in der Luft schwingen. Unterstützen Sie die Übung durch die Worte „rundherum, rundherum". Geben Sie dem Kind auch einmal eine kleine Fahne in die Hand und lassen Sie es damit die Kreisbewegung ausführen. Die Form des Kreises wird an der Tafel mit einem Stück Kreide in der Hand fortgesetzt.

● Zeichnen Sie einen großen Kreis auf ein Blatt Papier und lassen Sie das Kind mit einem Spielzeugauto darauf entlangfahren.

- Das Quadrat:

  Das Quadrat hat Ecken oder Stellen, an denen man anhalten und die Richtung ändern muß. Es hat vier Seiten und vier Ecken.

  Legen Sie ein großes Quadrat mit einer Schnur oder zeichnen Sie es auf den Boden. Lassen Sie das Kind auf der Linie entlanggehen.

  Es lernt, daß es an jeder Ecke die Richtung ändern muß. Wenn es die Bedeutung des Wortes **Ecke** verstanden hat, kann es alle vier Ecken von eins bis vier zählen.

- Verdeutlichen Sie den Begriff **Ecke,** indem im Raum Ecken gesucht werden.

- Zeichnen Sie auf einem großen Blatt Papier eine Straße mit vielen Ecken. Das Kind soll Besorgungen machen und mit einem Spielzeugauto an den Ecken anhalten.

- Zeichnen Sie ein Quadrat auf einem Blatt Papier oder auf eine Tafel und lassen Sie, immer an der unteren linken Ecke beginnend, dieses mit dem Finger, später mit dem Stift, nachfahren.

  Begleiten Sie mit den Worten: ,,Herauf, waagerecht (geradeaus), senkrecht (herunter), geradeaus.'' (Abb. 54).

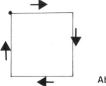

Abb. 54

- Das Dreieck:

  Das Dreieck hat drei scharfe Ecken und drei Seiten. Legen Sie mit einer Schnur ein Dreieck oder zeichnen Sie es auf den Boden.

- Lassen Sie wieder das Kind auf diesem Dreieck entlanggehen oder -kriechen. Es soll dabei feststellen, daß die Ecken hier viel spitzer sind als beim Quadrat.

- Lassen Sie das Kind ein aufgemaltes Dreieck mit dem Stift oder Finger nachfahren (Abb. 55).

Abb. 55

● Das Kind fährt auf der Linie eines Dreiecks mit einem Spielzeugauto entlang.

● Beginnen Sie beim Zeichnen des Dreiecks oder beim Nachfahren mit dem Finger immer links unten. Begleiten Sie mit den Worten: „Bergauf, bergab, geradeaus." (Abb. 56)

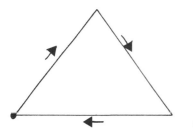

Abb. 56

● Formen nachzeichnen:

Geben Sie dem Kind Papier, Buntstifte und Formen zum Nachzeichnen, z. B. Joghurtbecher, die logischen Blöcke oder was Sie sonst zur Hand haben. Lassen Sie diese Formen umranden. Es entstehen dabei hübsche Muster oder Bilder auf dem Papier (Abb. 57—62).

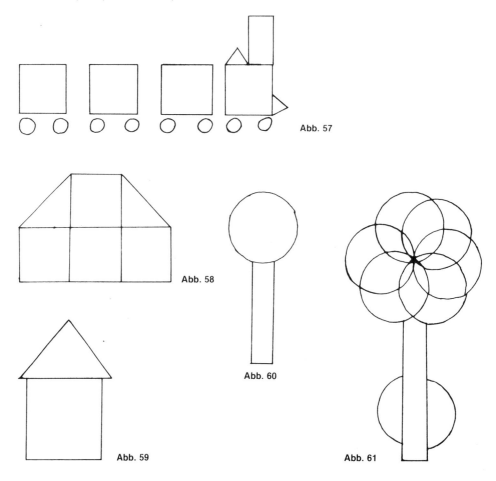

Abb. 57

Abb. 58

Abb. 60

Abb. 59

Abb. 61

74

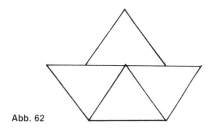

Abb. 62

● Formen ausschmücken:

Sie zeichnen den Umriß einer Form, und das Kind kann diese frei gestalten und ausschmücken. Aus einem Kreis kann ein Clowngesicht entstehen, eine Sonne oder etwas ganz anderes. Wechseln Sie auch die Rollen. Ihr Kind malt den Umriß, Sie malen daraus etwas, was das Kind erkennen soll.

● Mit buntem Tesaband Formen auf den Boden, an das Fenster, an die Tür kleben.

● Formen auf Papier malen und ausschneiden oder ausreißen lassen. Anschließend das Ausgeschnittene auf Papier kleben.

● Formen aus Knete, Wachs, Ton, Lehm oder Kuchenteig herstellen.

● Lassen Sie die nachfolgenden Zeichen mit Stäbchen oder Bastelstreichhölzern (diese sind ohne Zündkopf) nachlegen (Abb. 63 und 64).

Abb. 63

75

- Es können auch einzelne Muster einmal aus dem Gedächtnis nachgelegt werden. Nachdem Sie etwas vorgelegt haben, räumen Sie die Stäbchen wieder ab, und das Kind legt nun die gleichen Zeichen.

- Legen Sie vier bis fünf verschiedene Plastikbuchstaben auf eine Magnettafel. Sie sollten die Buchstaben doppelt haben. Zeigen Sie dann dem Kind einen Buchstaben in der Hand, den es auf der Tafel wiedererkennen soll.

- Stellen Sie Buchstaben aus Sandpapier her. Zeichnen Sie zunächst die Buchstaben mit Hilfe einer Schablone auf die glatte Seite des Papiers. Achten Sie darauf, daß die Buchstabenschablone spiegelbildlich liegt, so daß die rauhe Seite die richtige Buchstabenform bekommt. Schneiden Sie die Buchstaben aus, und kleben Sie die Sandpapierbuchstaben auf Pappe. Dann zeigen Sie dem Kind, wie es mit dem Finger die Form eines jeden Buchstabens kennenlernen kann. Beginnen Sie mit einem Buchstaben, später kommt ein neuer hinzu. Sprechen Sie beim Tasten: ,,Sieh, das ist der Buchstabe ‚A'. Er ist aus drei Linien gemacht, eins, zwei, und die dritte Linie verbindet die beiden ersten Seiten." Lassen Sie anschließend den Buchstaben aus Stäbchen oder Legematerial nachlegen, mit dem Finger auf die Tischplatte, auf den Rücken oder in die Hand malen.

- Drucken Sie dem Kind mit einem dicken Filzstift auf Briefkarten bekannte Buchstaben und befestigen Sie diese an einer Wäscheleine. Suchen Sie zu den Buchstaben ein Wort, das mit dem jeweiligen Buchstaben beginnt. Nehmen Sie dazu Bildmaterial oder reale Gegenstände.

  Beispiele: A = Affe; B = Baum; C = Cola; D = Dach; E Elefant usw.

● Ecken zählen:

Auf einem Blatt DIN A 2 werden untereinander eine Anzahl verschiedener eckiger geometrischer Figuren aufgezeichnet. Dann bekommt das Kind ein Schälchen mit Muggelsteinen oder Knöpfen. Es soll nun die Anzahl der Ecken durch Muggelsteine bezeichnen und neben die Form legen. Neben dem Dreieck werden drei, neben dem Quadrat vier Muggelsteine gelegt. Statt Knöpfen oder Muggelsteinen kann das Kind mit einem Filzstift auch die Ecken mit dicken Punkten versehen (Abb. 65).

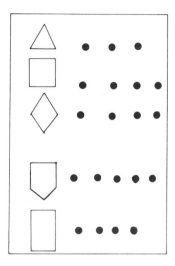

Abb. 65

● Spiele mit den „Logischen Blöcken'':

Obwohl das genannte Material verschiedene Lernbereiche anspricht, eignet es sich auch besonders gut zur Formengestaltung. Die Logischen Blöcke gibt es in unterschiedlich großen Ausgaben. Zu empfehlen ist die mittlere Ausgabe.

Geben Sie dem Kind die bunten Klötze und lassen Sie es damit spielen. Beobachten Sie, wie es legt oder baut.

● Wenn seine Phantasie erschöpft ist oder das Material keinen Aufforderungscharakter mehr hat, so bringen Sie nachfolgende Spiele ein:

Eine „Schlange'' legen:

Setzen Sie die Klötze bunt hintereinander. Je nach Können und Alter lassen Sie die Formen der Klötze benennen. „Das ist ein Quadrat, das ist ein Dreieck, das ist ein kleiner Kreis'' usw. Kleinere Kinder können die Formen „rund'' und „eckig'' benennen. Wenn die „Schlange'' gelegt ist, können Sie diese etwa mit folgendem Inhalt beschreiben: „Das ist eine recht zahme Schlange. Sie kann nicht wegkriechen.'' Das Kind wird noch mehr Aussagen über die Schlange finden.

● Legen Sie eine „Schlange'' vor, und lassen Sie diese vom Kind nachlegen (Abb. 66).

Abb. 66

● Legen Sie eine „Schlange" und führen Sie einfache Regeln ein:

„Wir legen nur Dreiecke!"
„Wir legen nur kleine Dreiecke und große Quadrate!"
„Wir legen abwechselnd ein Quadrat und ein Rechteck!" Usw.

● Führen Sie die Begriffe „rund, dreieckig, quadratisch und rechteckig" ein. Suchen Sie nach Gegenständen im Raum, auf der Straße, unter den Spielsachen, die entsprechende Formen aufweisen. Was nicht rund ist, ist glatt und gerade, hat Ecken oder Spitzen, wie die Kinder sagen. Betrachten Sie die Klötze und lassen Sie diese auch durch Betasten erfahren. Mit diesen Begriffen können Sie wieder eine „Schlange" legen. Nehmen Sie dabei aber immer nur die Formen, die dem Kind vertraut sind.

Methodische Hinweise

Beim Spiel mit Buchstaben soll dem schulischen Lernen nicht vorgegriffen werden. Sie werden beobachten, wie Kinder vor der Einschulung oft danach drängen, Buchstaben kennenzulernen oder sich damit zu beschäftigen. Spielerisch werden Sie mit dem vertraut gemacht, was mit der Einschulung auf sie zukommt.

Hinweise für behinderte Kinder

Um diesen Kindern die Wiedergabe der Grundformen zu erleichtern, können Sie Schablonen (Abb. 67—69) aus Pappe oder Sperrholz anfertigen.

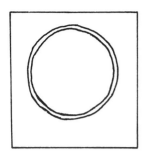 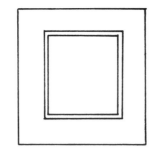 

Abb. 67   Abb. 68   Abb. 69

In der ca. 1 cm breiten Rille fährt das Kind mit seinem Zeigefinger entlang. Auch kann eine Kugel darin gerollt werden, oder ein kleines Auto fährt auf dieser Linie. Wichtig dabei ist, daß Sie die richtige Bewegungsrichtung und -form „einschleifen". Oft wird es erforderlich sein, zunächst die Hand des Kindes zu führen. Blenden Sie allmählich diese Führung und Hilfe aus. Hat es die Aufgabe erfaßt, so legen Sie ein Papier unter die Schablone und malen nun mit dem Stift die Form der Schablone nach. Dieses sollte mehrmals geschehen. Kleine Verse oder rhythmisches Zählen motivieren zum Mittun und Lernen.

Nach diesen Vorübungen wird die Schablone weggenommen und die Formen an die Tafel oder auf großem Papier gemalt. Es kommt nicht auf eine korrekte Wiedergabe an, sondern allein das Mittun und Üben zählt, weil es mit der Zeit doch zum Erfolg führt.

Erweiterung der Lernsituationen durch Übungs- und Spielmaterial

	Hersteller
Mini-LÜK Kontrollgerät, dazu Arbeitshefte	
Mini-LÜK für Vorschulkinder 1, 2, 3, 4	
Legespiele: Figuren und Formen 1, 2	Vogel
Bunte Lernspielkiste 2	Schroedel
Bunter Spaß	Schroedel
verzwickt	Schroedel
Mosaik-Plastikwürfel	Eichhorn
Figura	Finken
Simile Serie	Jugend und Volk
ABC-Spiel	Otto Maier
Ravensburger Bilder ABC	Otto Maier
ABC-Würfel	Eichhorn
Sehen—Hören—Sprechen Heft 1 und 2	Otto Maier
v. Przybylla, I.	
„Das kleine Quadrat"	
(Eine Geschichte zum Falten	
und Fabulieren	Hoheneck

Material *Körperschema-Männchen, Bilderbücher mit Personendarstellungen, Foto vom Kind, Baumwollseilchen, runde, halbrunde und gerade Holzstäbe, Papier, Malstifte, Knete, Ton.*

1.15. *Förderschwerpunkt:* **Körperkenntnis**

Was heißt das?

Nach dem 4. Lebensjahr sollte ein Kind die räumliche Anordnung und die Bewegungsmöglichkeiten seiner Körperteile kennen und grob wiedergeben können. Räumlich gesehen ist der Mensch immer Mittelpunkt seiner eigenen Welt, und er nimmt die Objekte als hinter sich, vor, über oder neben sich wahr. Ungenügend ausgebildetes Körperbewußtsein kann die Auswirkung einer Wahrnehmungsstörung sein.

Lernsituationen

● Stellen Sie aus Pappe ein Körperschema-Männchen her. Bauch, Kopf mit Hals, Arme und Beine werden aufgemalt und so ausgeschnitten, daß das Kind die Körperteile einzeln gut erkennen kann. Diesen „Pappmenschen" fügt es dann zusammen (Abb. 70).

Abb. 70

● Mit bunten Holzlegeteilen werden „Männchen" gelegt (Abb. 71).

● Fertigen Sie aus einem weißen Stück Papier oder Pappe eine ovale Form (Gesicht) an. Geben Sie dem Kind farbiges Papier und lassen Sie Nase, Mund, Augen, Ohren ausschneiden und auf das ovale Stück Papier zum Gesicht kleben.

Abb. 71

● Das Kind legt sich auf ein großes Stück Papier, und Sie zeichnen die Umrisse, so daß es eine Vorstellung von seiner Größe bekommt. Anschließend schneiden Sie das Bild aus. Mit Wasserfarben oder Fingerfarben werden die Kleidungsstücke und das Gesicht aufgemalt.

● Fertigen Sie mit dem Kind Bilder von Menschen an. Verwenden Sie dabei verschiedene Techniken, z. B. einen Menschen malen (Abb. 72), aus Buntpapier kleben oder aus Zeitschriften und Katalogen ausschneiden.

Abb. 72

● Zeichnen Sie einen Menschen, Körperteil für Körperteil. Das Kind berührt das entsprechende Teil, welches gerade gemalt wird an seinem Körper. Dann fragen Sie: „Welches Körperteil kommt als nächstes dran?" Wenn Sie den Kopf gezeichnet haben, würde das Kind antworten: „Jetzt male den Hals", usw.

● Zeichnen Sie halbfertige Figuren und Gesichter an die Tafel oder auf Papier. Lassen Sie das Kind die Zeichnung vervollständigen.

● Geben Sie ihm ein Puzzle einer menschlichen Figur, das Sie aus Katalogen oder aus Plakaten hergestellt haben. Schneiden Sie einige Figuren vertikal und andere horizontal auseinander. Beginnen Sie mit Bildern, die Sie nur in zwei Teile geschnitten haben und erschweren Sie das Spiel, indem Sie es in mehrere Puzzle zerschneiden (Abb. 73—75).

Abb. 73
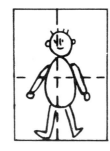
Abb. 74

Abb. 75

● Überraschen Sie Ihr Kind mit einem vergrößerten Foto von sich selbst.

● Das Kind liegt ausgestreckt und entspannt auf dem Teppich oder auf einer Wiese. Nennen Sie Körperteile, die es an sich berühren, anheben oder bewegen soll: Beine, Arme, Hände, Finger, den Kopf usw.

● Probieren Sie mit dem Kind und den Familienmitgliedern, die noch Spaß am Mitmachen haben, die Bewegungsmöglichkeiten von Körperteilen aus. Was kann alles mit den Armen gemacht werden? Man kann sie schlenkern, kreisen, hochheben oder damit boxen. Wem fällt noch etwas ein?

● Auf welche Weise kann man stehen? Die Füße werden voreinander, nebeneinander gestellt oder gekreuzt. Stellen Sie sich auf die Innen- und Außenkanten der Füße, auf die Zehen oder die Ferse. Das Kind versucht es auch.

● Was kann alles mit den Beinen gemacht werden? Strampeln, strecken, anwinkeln, in der Luft „radfahren" oder eine „Kerze" machen.

● Zeigen Sie dem Kind, wie man mit abwechselnd geöffneten und geschlossenen Beinen am Ort springen kann.

- Entdecken Sie verschiedene Weisen zu laufen: schnell, langsam, leise oder laut.

- Wer zeigt, was er alles mit der Hand, mit den Fingern, mit den Augen, Ohren, dem Mund oder der Nase vorführen kann?

- Das Kind soll die verschiedenen Körperteile bei sich, bei anderen und an einer Puppe lokalisieren und zählen (vgl. Kapitel „Körpererfahrung"). Erklären Sie die Funktionen der verschiedenen Körperteile.

  Beispiele: Wieviele Augen hast Du? Was wäre, wenn Du keine Augen hättest? Wieviele Zehen hast Du? Was würdest Du tun, wenn Du nicht reden könntest?

- Aus Baumwollseilen kann auf dem Boden eine menschliche Figur gelegt werden.

Erweiterung der Lernsituationen durch Spielmaterial

	Hersteller
Ankleidepuppe Susi	Otto Maier
Playmobilfiguren	Playmobil
Mein erstes Buch vom Körper v. Jole Kaufmann	Otto Maier

Material   *Puppe, Seil, 2 Spielzeugautos, Stuhl, Tesaband, selbstgefertigte Papp-*
formen, Tasse/Becher, Löffel, 4—5 Bauklötze, selbstgefertigtes Bildma-
terial

1.16. *Förderschwerpunkt:* Raumlageerkennung

Was heißt das?

Hierbei geht es um die Fähigkeit, die Lage eines Gegenstandes im Raum in Beziehung zum eigenen Standpunkt wahrzunehmen, z. B. der Schrank steht rechts von
mir, das Dreieck auf dem Tisch liegt mit der Spitze nach oben.

Bei gestörtem Raumlage-Bewußtsein vertauschen kleinere Kinder oben und unten,
auf und unter oder rechts und links. In der Schule zeigt sich diese Störung, indem
z. B. b als d, p als d, E als 3, 43 als 34 gelesen und geschrieben werden.

Lernsituationen

● Lassen Sie das Kind seine Körperteile zeigen. Berühren Sie diese, damit es fühlen kann, wo sie sind, Wechseln Sie die Rolle. Das Kind sagt Körperteile und faßt
diese bei Ihnen an.

Betonen Sie die Funktionen der Körperteile, z. B. womit gehst du, siehst du, hörst
du?

Es kann auch einmal die Puppe des Kindes ausgezogen und dann die Körperteile
benannt werden.

● Weitere Spiele zu diesem Bereich siehe Kap. ,,Körpererfahrung'' und ,,Körper-
kenntnis''.

● vorwärts — rückwärts — seitwärts:
Zeichnen Sie eine Linie oder legen Sie eine 2—3 m lange Schnur auf den Boden.
Lassen Sie das Kind entlang der Schnur vorwärts-, rückwärts-, seitwärts gehen.

Verdeutlichen Sie die Begriffe durch eigenes Mitmachen.

● Erwachsener und Kind haben je ein Spielzeugauto. Beginnen Sie eine Reise
durch das Zimmer. Mutter/Vater spielen zu Beginn den Reiseführer. Beschreiben
Sie, wo Sie sind und wohin das Auto fährt. Wenn das Kind verstanden hat, worum
es geht, spielt es selbst den Reiseführer.

,,Das Auto fährt vorwärts auf dem Teppich, unter dem Stuhl, über die Fensterbank, über Papas Kopf, rückwärts zur Tür'', usw. Nehmen Sie nur die Raumbegrif-
fe, die dem Kind bekannt sind und führen Sie nach und nach neue ein.

● oben — unten:
Das Kind steigt auf einen Stuhl und Sie beschreiben, was es tut: ,,Jetzt stehst Du
oben.'' Dann steigt/springt es herunter und Sie betonen: ,,Jetzt bist Du unten.''
Sind die Begriffe bekannt, kann es selbst sagen, wo es steht.

● Auch beim Ballspiel kann oben und unten deutlich werden. Der Ball wird hochge-
worfen und ist oben, dann fällt er auf den Boden und ist unten.

● auf — unter:

Greifen Sie alltägliche Situationen auf und verdeutlichen Sie diese Begriffe. Wenn das Kind ein Spielzeug sucht, helfen Sie ihm und sagen: „Dein rotes Auto liegt unter dem Schrank." Oder: „Die Malstifte liegen auf dem Tisch."

Betonen Sie dabei die Ortsbezeichnung.

● Spielen Sie mit dem Kind Versteck. Das Kind verläßt das Zimmer und Sie verstecken einen kleinen Teddy unter dem Sessel. Dann rufen Sie das Kind herein und sagen ihm: „Ich habe den Teddy irgendwo unter etwas versteckt. Kannst Du ihn finden?"

Oder die Puppe wird versteckt, z. B. auf dem Schrank, auf der Fensterbank, auf dem Sessel.

Fragen Sie nach dem Wiederfinden der Puppe: „Wo hast Du sie gefunden?" In der Antwort erfahren Sie, ob es die Bezeichnung richtig anwendet, „unter dem Bett, auf der Fensterbank", usw.

● rechts — links:

Das Kind markiert selbst eine Seite an seinem Körper. Es kann sich z. B. ein buntes Stück Tesaband auf eine Hand kleben (Abb. 76) oder einen großen roten Punkt auf den Arm machen. Das ist dann die rechte Seite.

Abb. 76

Führen Sie nun Bewegungsspiele durch, zu denen Sie auch noch andere Familienmitglieder einladen. Einige Beispiele, zu denen Sie noch neue Möglichkeiten erfinden werden:

Hüpfe auf Deinem rechten Bein!
Ich fasse mein rechts Ohr an.
Wer kann alles mit seinem rechten großen Zeh wackeln?

Alle Mitspieler vollziehen immer die gleiche Bewegung, die der „Anführer" vorgibt.

Die Seite, auf der sich kein Tesaband und kein Farbpunkt befindet, ist dann die linke Seite:

Wer zeigt mir sein linkes Ohr?
Ich fasse mit meiner rechten Hand an mein linkes Bein.
Alle stehen nur auf dem linken Bein!

● Legen Sie mehrere Papp-Quadrate vor das Kind auf den Tisch, und zwar völlig ungeordnet. Dann nehmen Sie ein Quadrat, legen es so vor sich hin (Abb. 77), daß die Seiten senkrecht und waagerecht ausgerichtet sind und bitten das Kind, alle anderen Quadrate genau so danebenzulegen.

Abb. 77

Bringen Sie alle Quadrate wieder durcheinander und legen Sie eins mit der Ecke (Abb. 78) zu Ihnen hin. Das Kind ordnet wieder alle anderen in gleicher Lage.

Abb. 78

● Wiederholen Sie die obige Übung mit gleichseitigen Dreiecken, die zuerst so gedreht werden sollen, daß alle auf einer Seite liegen (Abb. 79, dann alle auf einer Ecke stehen (Abb. 80).

Abb. 79   Abb. 80

● Nehmen Sie wieder mehrere Papp-Quadrate. Stellen Sie eine Reihe her, in der bis auf ein Quadrat alle in gleicher, gerader Stellung liegen. Ein Quadrat zeigt mit der Spitze zu Ihnen (Abb. 81). Bitten Sie das Kind, Ihnen das eine Quadrat zu zeigen, was in dieser Reihe anders steht.

Abb. 81

Wiederholen Sie die Übung mit den Dreiecken.

Beispiele für weitere Reihen mit diesem Material (Abb. 82 und 83).

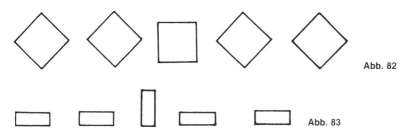

Abb. 82

Abb. 83

● Stellen Sie Ordnungen mit gleichen Gegenständen oder Bildern her, von denen vier bis fünf Dinge gleich stehen und ein Gegenstand eine andere Lage aufweist. Das Kind soll diesen herausfinden.

Beispiele: Drei Becher stehen mit der Öffnung nach oben und einer ist umgestülpt.

In 5 Tassen stehen Teelöffel. Vier Teelöffel zeigen nach rechts, einer zeigt zur linken Seite.

4 Tassen stehen mit dem Henkel nach rechts, eine Tasse hat den Henkel zur linken Seite.

● Stellen Sie ein kleines Bauwerk aus zwei, drei oder vier Klötzen her. Das Kind soll dieses nachbauen (Abb. 84).

● Bei Kindern im Vorschulalter können folgende Spiele angeboten werden. Zeichnen Sie auf kleine Pappkarten 4—5 gleiche Motive, von denen jeweils eins eine andere Lage aufweist.

Abb. 84

87

Leiten Sie das Spiel etwa mit folgenden Worten ein: „Auf diesem Bild siehst Du viele Häuser. Schaue Sie Dir an und sage mir, ob Sie alle gleich aussehen oder ob eins anders aussieht?"

Beispiele (Abb. 85):

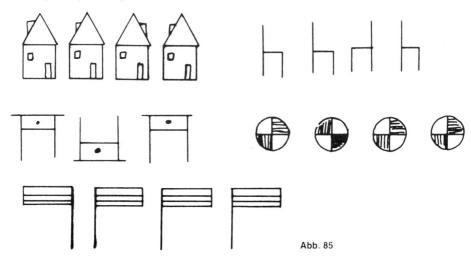

Abb. 85

● Geben Sie Muster aus Streichhölzern oder Legestäbchen vor und lassen Sie diese nachlegen (Abb. 86).

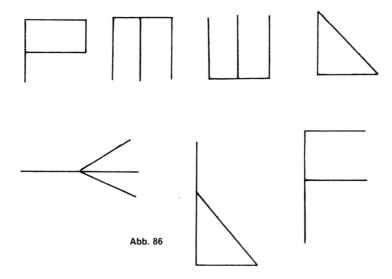

Abb. 86

Methodische Hinweise

Bei den aufgeführten Lernsituationen kommt es auf genaues und konzentriertes Beobachten an. Lassen Sie dem Kind Zeit, sich die Aufgabe anzuschauen. Erschweren oder erleichtern Sie die Spiele je nach Können des Kindes. Für den Bereich der Raumlageerfassung gibt es für Vorschulkinder viele Spiele im Handel, die als Lernangebot eingesetzt werden können.

Hinweise für behinderte Kinder

Gerade bewegungsgestörte Kinder haben beim Erwerb von Raumvorstellungen und beim Erfassen von räumlichen Beziehungen Schwierigkeiten. Das trifft besonders auf Kinder zu, die durch Lähmung oder Gipsbettlagerung mehrere Monate oder Jahre das Bett nicht verlassen konnten. Ihnen fehlt es durch die Bewegungseinschränkung an Raumerfahrung. Sie lernen ihre Umwelt nur aus der Perspektive des Liegenden kennen. So bekommen sie verzerrte oder faische Raumvorstellungen.

Beginnen Sie mit Übungen im Nahbereich des Kindes.

● Michael hat einen neuen Plüschhasen bekommen. Beim Essen sitzt er **neben** Michael. Beim Spielen sitzt er **auf** dem Tisch und schaut zu. Am Abend liegt er **im** Bett.

Wenn das Kind den Hasen nicht selbst bewegen kann, setzen Sie ihn in die jeweilige Position und sagen jedesmal, was Sie tun. So lernt es einzelne räumliche Beziehungen kennen.

Erweitern Sie die Übungen, je nach Bewegungsfortschritten des Kindes auf das Zimmer.

Beispiele: Schiebe das Auto **unter** den Tisch! Setze den Affen **vor** den Schrank! Lege die Karte **unter** das Buch!

Erweiterung der Lernsituationen durch Übungs- und Spielmaterial

	Hersteller
Wahrnehmungstraining	
v. Marianne Frostig	
Heft 1, 2, 3 und Anweisungsheft	Crüwell
Wie kleine Kinder denken lernen	
v. A. Anderson	
Heft 3/1, 3/2, 3/3	Hyperion
Mini-LÜK Kontrollgerät, dazu Arbeitshefte	
Mini-LÜK für Vorschulkinder 1, 2, 3, 4	
Figuren und Formen 1, 2	
Orientierungsübungen	Vogel
Kindergartentrainer	Heinevetter
Differix	Otto Maier
Schau genau	Otto Maier
Entengetümmel	Schroedel
Grammatische Spiele	Neckar
Spiele zum Lernen 1, 2, 3, 4	Carlsen
Sehen — Hören — Sprechen	
Heft 1 und 2	Otto Maier

Material   *Geometrische Grundformen, Prospektmaterial, Filzstifte, selbst hergestellte Arbeitsblätter, Formenschablone*

1.17. *Förderschwerpunkt:* **Wahrnehmungskonstanz**

Was heißt das?

Wahrnehmungskonstanz ist die Fähigkeit, zwei- und dreidimensionale Formen wiederzuerkennen, auch wenn Sie in einer Vielzahl von immer komplizierteren Zusam-
menhängen, Größen und Farben oder aus verschiedenem Blickwinkel angeboten
werden. Wenn Sie auf gleicher Ebene nahe an einem Auto stehen, so hat es eine gewisse Größe. Schauen Sie jedoch aus dem 5. Stock eines Hauses heraus und sehen
das gleiche Auto unter sich, so sieht es aus wie ein Spielzeugauto. Doch aus der Erfahrung wissen Sie, daß es die gleiche Größe hat, nur der unterschiedliche Blickwinkel und die Entfernung ergeben dieses andere Bild.

Zu den Vorübungen der Wahrnehmungskonstanz gehört es, daß das Kind Farben,
Formen und Größen unterscheiden kann (vgl. die Kapitel Seite 37—47). Es muß außerdem einen dreidimensionalen Gegenstand, der als Abbildung in eine zweidimen-
sionale (s. Ms. S. 117) Fläche gebracht wurde und umgekehrt wiedererkennen (vgl.
Kapitel „Bilderkennung" — Zuordnung Gegenstand zum Bild).

Auch kinästhetische (den Bewegungssinn betreffende) und taktile (den Tastsinn betreffende) Erfahrungen mit den Dingen sind wichtig.

So erwirbt sich das Kind im Laufe der Zeit die Fähigkeit, Material auch in veränder-
ter Form visuell wiederzuerkennen. Dieses ist eine unerläßliche Voraussetzung z. B.
für das Lesenlernen. Zeichen, Buchstaben, Worte, Zahlen müssen wiedererkannt
werden, auch wenn sie in einer anderen Buchstabenart, in unterschiedlicher Größe
oder in einem größeren Zusammenhang stehen.

Obwohl die Wahrnehmungskonstanz ein Entwicklungskriterium ist, hängt sie teilweise vom Lernen und von Erfahrungen ab und kann durch entsprechende Förderung unterstützt werden.

Lernsituationen

● Zeigen Sie dem Kind eine geometrische Figur und bitten Sie es, alle ähnlichen
  Formen im Raum zu suchen. Wenn Sie ein Rechteck zeigen, kann es auf eine
  Tischplatte, auf die Tür oder auf ein Buch zeigen. Es sollte Material für die einzel-
  nen Formen im Raum verteilt sein.

● Formen im Alltag:
  Überall um uns herum finden wir geometrische Formen. Machen Sie das Kind
  darauf aufmerksam, so wird es Ihnen bald die verschiedensten Formen selbst
  zeigen.

  Beispiele für Kreise:

  Räder, Luftballons, Sonne, Vollmond, Brillengläser, Bälle, Seifenblasen, Schüsseln, Gläser, Teller, Uhren, Tassen, Münzen, Lampen, Reifen, Tische.

Beispiele für Quadrate:

Papierservietten, Faltpapiere, Taschentücher, Fenster, Stühle, Kissen, Spielsachen, Häuser, Tische, Würfel.

Beispiele für Dreiecke:

Dachgiebel, Berge, Zelte, Straßenschilder, Segelboote, Papierhüte, gefaltete Servietten.

Beispiele für Rechtecke:

Türen, Fenster, Wohnhäuser, Lastwagen, Briefkästen, Bücher, Decken, Bilder, Plakate, Tische, Straßenschilder, Handtücher.

● Suchen Sie sich Bildmaterial, z. B. Möbelprospekte, Kataloge oder Bilderbücher mit Motiven, die deutlich erkennbare Grundformen aufweisen. Zeigen Sie dem Kind ein Quadrat und lassen Sie alle Dinge auf dem Bild suchen, die diese Form haben (Tische, Schranktüren, Fenster usw.). Dann werden alle Gegenstände benannt, die die Form eines Kreises, Rechtecks oder Ovals haben.

● Malen Sie mit einer Schablone auf ein Blatt Papier Quadrate in verschiedener Lage, gemischt mit Dreiecken (Abb. 87). Zeigen Sie dem Kind das Quadrat über der Linie und bitten Sie, dieses mit einem Filzstift zu umranden. Dann soll es alle Quadrate auf der Seite suchen, auch wenn diese auf der Spitze stehen und sie mit dem Stift umfahren.

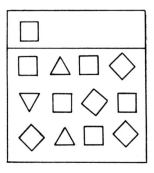

Abb. 87

● Stellen Sie Arbeitsblätter mit anderen Formenbeispielen her (Abb. 88—90).

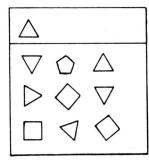

Abb. 88

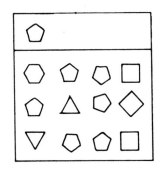

Abb. 89

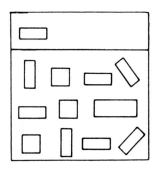

Abb. 90

● Lassen Sie auf einem Prospekt oder in der Zeitung einen bestimmten Buchstaben in einer Druckzeile ankreuzen.

Beispiele: **A**LLE **A**FFE **B**ANANE **A**PFEL

Die Buchstaben im Alphabet sind wichtig, weil wir daraus Worte bilden. Viele Kinder können vor der Einschulung zwar das Alphabet aufsagen, haben aber keine Ahnung, was man damit anfangen kann. Es ist wichtig, daß Sie Wege finden, die Ihrem Kind Sinn und Zweck des Buchstabens erklären. Es macht Spaß, wenn ein Buchstabe den Namen des Kindes bedeutet. Überall begegnen uns Buchstaben. Nehmen Sie sich Zeit, wenn das Vorschulkind Buchstaben sucht, die es schon kennt. Sie sind auf Verkehrszeichen, auf Tageszeitungen, auf Büchern, auf Verpackungen oder Dosen.

Methodische Hinweise

Helfen Sie dem Kind durch Hinweise bei der Beobachtung seiner Umwelt. Schauen Sie sich die Natur, Häuser, Tiere oder Gegenstände aus verschiedener Perspektive und Entfernung an. Geben Sie ihm die Möglichkeit mit den Dingen Erfahrungen zu machen. So nimmt ein Kind eine bestimmte Entfernung im Gehen und Laufen wahr. Es lernt Formen und Größen kennen, indem es mit ihnen hantiert und sie vergleicht.

Hinweise für behinderte Kinder

Für geistig behinderte Kinder stellt dieser Lernbereich schon eine hohe Anforderung an die Konzentration und das optische Erkennen dar. Sie sollten zunächst nur mit konkretem Material arbeiten. Der Haushalt und die Spielkiste des Kindes bieten reichlich Sachen, die sich einsetzen lassen.

Wenn Sie Arbeitsblätter anfertigen, zeichnen Sie zunächst nur wenige und sehr gegensätzliche Formen. Ganz allmählich steigern Sie den Schwierigkeitsgrad. Auch ist das richtige optische Angebot für ein behindertes Kind wichtig. Ist das Blatt mit den Formen zu groß, verliert es die Übersicht und kann es nicht überblicken. Sind die Zeichnungen zu klein, kann es diese ebenfalls nicht erfassen.

Erweiterung der Lernsituationen durch Übungs- und Spielmaterial

	Hersteller
Wahrnehmungstraining	
v. Marianne Frostig	
Heft 1, 2, 3 und Anweisungsheft	Crüwell
Kindergartentrainer	Heinevetter
Mini-LÜK Kontrollgerät, dazu Arbeitshefte:	
Mini-LÜK für Vorschulkinder 1, 2, 3, 4	Vogel
Was paßt?	Schroedel
denk' mal	Schroedel

Material   *Muggelsteine, Knöpfe, Klammern, Kastanien, Perlen, Bauklötze, Steine, Legestäbchen, selbstgefertigte Übungsbretter, Steckbretter und Stecker, Konstruktionsbaukasten.*

1.18. *Förderschwerpunkt:* Erfassen räumlicher Beziehungen

Was heißt das?

Die Wahrnehmung räumlicher Beziehungen kann definiert werden als die Fähigkeit, die Lage von zwei oder mehreren Gegenständen in Beziehung zueinander wahrzunehmen. Zunächst lernt das Kind einen einzigen Gegenstand in Beziehung zu sich selbst kennen. Später ist für alle weiteren Lernprozesse erforderlich, daß es eine beliebige Zahl verschiedener Teile in Beziehung zueinander erkennen kann und jedem die gleiche Aufmerksamkeit schenkt.

Diese optische Wahrnehmungsleistung ist wichtig, um beim Lesen mehrere Buchstaben gleichzeitig zu erfassen, Rechenaufgaben zu lösen und sich überhaupt im Alltagsleben zu orientieren.

Lernsituationen

● Nehmen Sie mehrere rote und blaue Knöpfe (oder Muggelsteine) und legen diese vor dem Kind in folgender Ordnung hin: blauer Knopf — roter Knopf, blauer Knopf — roter Knopf usw. Bitten Sie das Kind, die Reihe fortzusetzen.

Dieses Spiel kann auch mit verschiedenen anderen Materialien und Gegenständen durchgeführt werden:

Beispiele: Klammer — Stein — Klammer — Stein . . . (Abb. 91)
Kastanie — Knopf — Kastanie — Knopf . . .

Abb. 91

93

Werden diese Übungen gekonnt, gehen Sie zu einer Dreierordnung über: Kastanie — Stäbchen — Stein, Kastanie — Stäbchen — Stein usw.

● Perlen in einer bestimmten Reihenfolge auffädeln:
2 rote — 1 gelbe — 1 blaue, 2 rote — 1 gelbe — 1 blaue usw.

● Nehmen Sie drei verschiedene Sorten Bauklötze und legen Sie damit ein fortlaufendes Muster. Fragen Sie das Kind, wenn Sie das vierte Klötzchen gelegt haben: „Was meinst Du, welchen Bauklotz nehme ich jetzt?" Lassen Sie das Kind ein Muster legen und raten Sie in ähnlicher Weise. Wenn Sie „falsch raten", wird es seinen Spaß haben.

● Wenn das Kind schon mit dem Stift umgehen und Formen malen kann, nehmen Sie ein Stück Papier und zeichnen am Rand ein Muster:

Beispiele (Abb. 92):

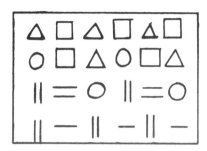

Abb. 92

Das Kind soll versuchen, die Muster weiterzuführen.

● Fertigen Sie sich zwei Übungsbretter in folgender Weise an: Jedes Brett besteht aus 6 Reihen von je 6 quadratischen Feldern und etwa 5 cm Kantenlänge. Die Begrenzung zwischen den einzelnen Feldern erfolgt durch etwa $1/2$ cm dicke Leisten. Diese Leisten helfen auch Kindern mit einem eingeschränkten Koordiantionsvermögen, daß die Spielmarken nicht verrutschen. Legen Sie zwei Übungsbretter seitlich aneinander. Das eine gehört Ihnen und das andere dem Kind. Zum Auslegen von Mustern können Sie Spielmarken, Muggelsteine oder ausgeschnittene Pappmarken verwenden.

Nehmen Sie eine Spielmarke und setzen Sie diese in eine der Ecken des Brettes. Das Kind vollzieht den gleichen Vorgang auf seinem Brett. Dann setzen Sie einen zweiten Stein in ein Eckfeld, einen dritten und einen vierten. Ist die Ecke und die Seite für das Kind Orientierungspunkt, beginnen Sie mit dem Nachlegen von Mustern, die sich zunächst nur auf den Rand beziehen (Abb. 93). Gehen Sie dann zu Mustern mit senkrechten Linien über (Abb. 94). Muster in der Mitte des Brettes erfordern ausgeprägtes Gefühl für räumliche Orientierung und sind schwieriger.

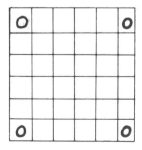

Abb. 93

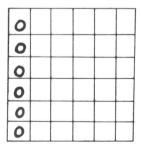

Abb. 94

Dann führen Sie die waagerechte Linie ein und kombinieren diese mit senkrechten (Abb. 95).

Beim nächsten Schritt werden Schräglinien eingeführt und kombiniert mit waagerechten oder senkrechten Mustern (Abb. 96).

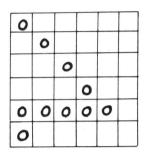

O	O	O	O	O	O
	O				
	O				
	O				
	O				
	O				

Abb. 95

O					
	O				
		O			
			O		
O	O	O	O	O	
O					

Abb. 96

Belegen Sie das ganze Brett mit einem Muster und verwenden Sie dazu zwei verschiedene Setzsteine (Abb. 97).

O	X	O	X	X	X
X	X	X	X	X	X
O	O	X	X	O	O
X	X	O	O	O	O
X	X	X	X	X	X
O	O	X	X	O	O

Abb. 97

Geben Sie dem Kind gezeichnete Vorlagen in der Größe des Übungsbrettes und lassen Sie diese übertragen. Später können Sie verkleinerte, vorgezeichnete Muster (Größe etwa 15 cm) übertragen lassen.

- Komplexere Formen und Muster aus dem Gedächtnis zu legen, sollte für geübte Kinder mit eingebaut werden. Es können Muster aus Klötzen, Steckern, bunten Plättchen oder anderem geeigneten Material vorgegeben werden. Nachdem sich das Kind das Muster einige Sekunden angesehen hat, soll es dieses aus dem Gedächtnis nachbauen.

Beispiele (Abb. 98):

O	O	X	X	O	O
O	O	O	O	O	X
X	X	O	O	O	O

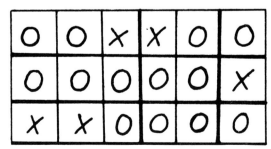

Abb. 98

● Denken Sie sich Muster mit Steckbrettern aus, die das Kind dann nachstecken soll. Es können regelmäßige und unregelmäßige Muster sein.

Beispiele (Abb. 99—101):

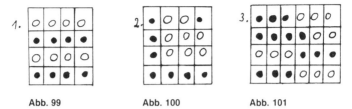

Abb. 99   Abb. 100   Abb. 101

Je nach Können des Kindes erleichtern oder erschweren Sie die Übung.

● Nehmen Sie Bauklötze und stellen Sie kleine Bauwerke her. Wenn Sie einen Klotz hinstellen, lassen Sie das Kind mit seinen Klötzen gleichzeitig mitbauen. Bei dieser Übung geht es darum, daß das Kind die Beziehung der Klötze zueinander kennenlernt und wahrnimmt. Geben Sie ihm einen roten und einen blauen Klotz. Dann fordern Sie es auf: „Lege den blauen Klotz vor den roten. Nun lege den roten auf den blauen. Dann lege ihn links neben den blauen Klotz. Lege einen roten Klotz hinter den grünen."

Das Kind soll bei diesen Übungen nicht frei bauen, sondern Vorgegebenes übertragen. Stellen Sie aus 6—8 Klötzen ein Bauwerk her und bitten Sie es, dieses nachzubauen.

● Setzen Sie Konstruktionsbaumaterial (z. B. von Fischer, Baufix, Lego, Matador) ein und lassen Sie nach den jeweiligen Vorlagen bauen. Geben Sie nur soviel Hilfe, wie es erforderlich ist. Beginnen Sie mit einfachen Werken, die im Leistungsbereich Ihres Kindes liegen.

● Räumliche Orientierung in der Umgebung:

Die Orientierung des Kindes erweitert sich von kleinen, überschaubaren Spielräumen bis hin zur Orientierung in den Wohnräumen des Hauses und später in die nähere Umgebung. Haben Sie in den ersten Lebensjahren das Kind immer begleitet, kommt irgendwann der Zeitpunkt, wo es sich einmal ohne Ihr Wissen alleine weiter entfernt oder wo Sie es mit einem kleineren Auftrag losschicken. Damit es auf Gefahren aufmerksam gemacht wird und diese bedenken lernt, ist es gut, wenn Sie auf den gemeinsamen Wegen bestimmte Regeln einhalten, z. B. auf das rote und grüne Männchen der Ampel achten, erst gucken, bevor Sie die Straße überqueren oder auf einer bestimmten Straßenseite bleiben.

Durch den Verkehr auf den Straßen ist es heute nicht ganz so einfach, das Kind zu Besorgungen loszuschicken, doch sollten Sie überlegen, welcher Weg dazu geeignet ist. Vielleicht ergibt sich eine Möglichkeit, wenn Sie zu Besuch bei der Oma sind oder in einer ruhigen Gegend im Urlaub. Sie können auch beim Nachbarn etwas abgeben oder holen lassen. Sie können das Kind mit einem Zettel Brötchen holen lassen, für sich selbst einmal ein Eis oder Bonbons.

Auch den Weg zum nahegelegenen Spielplatz kann das Kind vielleicht schon alleine finden. Sicherlich wird es notwendig sein, bei ängstlichen oder behinderten Kindern die Aufgabe in entsprechende kleine Teilabschnitte zu gliedern, z. B. vor

dem Bäckerladen stehen zu bleiben und das Kind mit einem Zettel hineinzu-
schicken. Von draußen können Sie dann auch beobachten, wie es sich verhält.
Die Verkäuferinnen kennen meistens die Kinder und reagieren entsprechend hilfreich.

Erweiterung der Lernsituationen durch Übungs- und Spielmaterial

	Hersteller
Mini-LÜK Arbeitsgerät 500,	
dazu Arbeitshefte:	
Figuren und Formen 3	Vogel
Wahrnehmungstraining	
v. Marianne Frostig	
Heft 1, 2, 3 und Anweisungsheft	Crüwell
Wie kleine Kinder denken lernen	
v. A. Anderson	
Heft 5/1, 5/3	Hyperion
Fischertechnik von 3—6	Fischer
Baufixmaterial	Baufix
Lego-Bausätze	Lego
Sehen — Hören — Sprechen	
Heft 1 und 2	Otto Maier

Material   *Selbst gefertigter Tageskalender, Spieluhr, Zeitwecker, Urlaubspro-*
spekte, Fotos, Spiel „Wir legen Geschichten", Finken-Verlag; Spielbuch
„Wie kleine Kinder denken lernen", Heft 3/3, 5/2, Hyperion Verlag.

1.19 *Förderschwerpunkt:* Abgebildete Handlungsfolgen erkennen

Was heißt das?

Eine Handlungsfolge auf Bildern in ihrem zeitlichen Ablauf zu ordnen, erfordert ein genaues Beobachten von Einzelheiten, die inhaltliche Erfassung, sprachliches Aus-drucksvermögen und die Erkennung des logischen Ablaufs eines Geschehens. Das Kind muß dazu eine Zeitvorstellung entwickelt haben und Begebenheiten in Vorher und Nachher gliedern können. So lernt es, von der konkret anschaulichen Ebene fortzukommen und sich abstrakte Dinge oder Vorgänge vorzustellen oder anhand von Bild- und Wortmaterial zu merken.

Um eine Geschichte in viele kleine Zeiteinheiten aufzuteilen und bildlich oder sprachlich in eine Reihenfolge zu bringen, ist es selbstverständlich notwendig, daß ein Kind die abgebildete Handlung kennt.

Lernsituationen

● Tageseinteilung:
Stellen Sie mit dem Kind einen Tageskalender her. Auf einem Papier malen Sie die Tageszeiten wie folgt auf (Abb. 102):

Morgen	Mittag	Nachmittag	Abend

Abb. 102

Kleben Sie in diese Spalten ausgeschnittene Bilder oder Fotos, die diese Tages-zeit kennzeichnen:

Morgens das Aufstehen, mittags das Mittagessen, nachmittags Spielen auf dem Spielplatz, abends das Zubettgehen.

Besprechen Sie aufgrund persönlicher Erlebnisse die Tageseinteilung mit dem Kind. Dabei kann es gleichzeitig die für die jeweilige Tageszeit charakteristische Zeigereinstellung auf der Uhr kennenlernen.

● Die Uhrzeit zu verstehen, ist für Kinder schwer. Sie können dabei helfen. wenn Sie mit ihnen viel über Zeit sprechen. „Du hast noch zehn Minuten Zeit zum Spielen. — Um sieben Uhr mußt Du ins Bett gehen."

„Wenn der große Zeiger auf 12 steht und der kleine auf der 7, dann ist es 7 Uhr."

● Geben Sie dem Kind eine Spieluhr zum Experimentieren (Abb. 103).

Abb. 103

● Basteln Sie gemeinsam mit ihm eine Uhr. Legen Sie eine Uhrzeit fest, die für Ihr Kind Bedeutung hat. Vielleicht ist es die Zeit, wenn „Sesamstraße" im Fernsehen kommt. Stellen Sie die Zeiger der Spieluhr auf den Beginn der Sendung, z. B. 18 Uhr. Das Kind soll die richtige Uhr beachten. Wenn die Zeiger der richtigen Uhr genau so stehen, dann wird das Fernsehen angestellt.

● Benutzen Sie einen Zeitwecker. Stellen Sie diese Uhr gemeinsam auf 15 Minuten. Das ist dann die Wartezeit noch bis zum Mittagessen. So kann das Kind feststellen, wie lange 15 Minuten sind. Zeigen Sie ihm, wie man eine Uhr stellt. Erklären Sie, daß jeder Strich eine Minute ist.

● Stellen Sie gemeinsam mit dem Kind einen Tagesablauf auf.

Beispiele:

7.30 Uhr Aufstehen
8.30 Uhr Kindergarten
12.30 Uhr Mittagessen
3.00 Uhr (15 Uhr) Spielplatz
6.00 Uhr (18 Uhr) Sesamstraße
7.00 Uhr (19 Uhr) Abendessen
8.00 Uhr (20 Uhr) Zubettgehen.

● Hat das Kind eine gewisse Zeitvorstellung, können Sie kleine Geschichten malen oder Bildstreifen anfertigen. Nehmen Sie zum Aufkleben der Bilder eine Rolle Schrankpapier oder Tapetenrolle. Ein Thema für den Bildstreifen könnte die Fahrt in den Urlaub sein. Das 1. Bild zeigt die Abreise, dann die Fahrt auf der Autobahn, das Meer oder die Berge, eine Wanderung, Spiele im Sand und ein markantes Erlebnis der Rückreise (Urlaubsfotos verwenden).

● Ist das Kind im Malen noch ungeschickt, so können auch Bilder zu einem Handlungsablauf zusammengestellt und aufgeklebt werden. Urlaubsprospekte, Postkarten und Fotografien ergeben ebenfalls eine lustige Urlaubsreportage.

Beispiele für Themen einer Bildhandlung:

Tagesablauf, Wochenablauf, Besuch im Zoo, ein Nachmittag im Schwimmbad.

● Das Spiel „Wir legen Geschichten" ist als Lernmaterial gut geeignet. Auf einer großen Karte ist ein Geschehen abgebildet. In zwölf kleinen Bildkarten kann die Handlung in ihrem Ablauf gelegt werden. Schauen Sie zunächst die große Karte an und lassen Sie erzählen, was darauf geschieht. Dann greifen Sie je nach Vermögen des Kindes einige kleine Karten vom Anfang, aus der Mitte und vom Schluß der Geschichte heraus und lassen sie in ihrem Ablauf aneinander legen. Beim nächsten Mal nehmen Sie einige Karten dazu und vervollständigen die Bildhandlung.

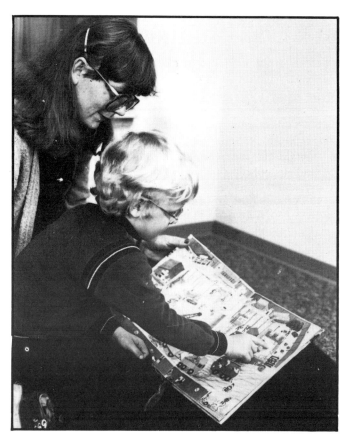

Abb. 104

- Viele Anregungen für Bildgeschichten finden Sie in den angegebenen Lernspielheften „Wie kleine Kinder denken lernen" von A. Anderson. Schauen Sie die Bilder an, lassen Sie diese bunt malen, ausschneiden und als Bildgeschichte aufkleben.

- Als besonders brauchbar haben sich sog. „Szenenbilderbücher" erwiesen. Es sind textfreie Bilderbücher, in denen erkennbare Handlungsabläufe in besonderem Maße das Leben der Kinder einbeziehen. Da ein vorgegebener Text fehlt, müssen die Kinder selbst fabulieren, d. h. die Bilder in Handlungen umsetzen (Abb. 104).

Erweiterung der Lernsituationen durch Spielmaterial

	Hersteller
Fünfundfünfzig Bildgeschichten	Huesmann und Benz
Ist doch logisch	Finken
Wir legen Geschichten	Finken
Wie kleine Kinder denken lernen	
v. A. Anderson	
Heft 5/2	Hyperion
Sehen — Hören — Sprechen	
Heft 1 und 2	Otto Maier
Szenenbilderbücher:	
Rundherum in meiner Stadt	
v. Ali Mitgutsch	Otto Maier
Bei uns im Dorf	
v. Ali Mitgutsch	Otto Maier
Kommt mit ans Wasser	
v. Ali Mitgutsch	Otto Maier
Den Fluß entlang	
v. Ali Mitgutsch	rororo rotfuchs
Komm heraus und spiel mit uns	
v. Eva Scherbarth	Otto Maier
Dagobert	
v. Ursula Kirchberg	Ellermann

2. Störungen in der Wahrnehmungs-entwicklung

Wahrnehmungsstörungen haben verschiedene Ursachen. Es können organische oder umweltbedingte Gründe vorliegen. Meist treten sie in Zusammenhang mit anderen Störungen auf und werden zu dem Krankheitsbild der Hirnfunktionsschwächen gerechnet.

Organische Gründe:

Sprechen wir von organischen Ursachen bei einer Wahrnehmungsstörung, so liegt eine Leistungsschwäche des Gehirns vor, die während der Schwangerschaft, der Geburt oder im frühen Kindesalter entstanden sein kann.

Schädigung vor der Geburt:

Besonders in den ersten 3 Monaten während der Schwangerschaft ist der Embryo recht empfindlich und reagiert auf chemische Stoffe, die zum Beispiel in Arzneimitteln, Alkohol oder Nikotin enthalten sind und durch die Blutbahn der Mutter übertragen werden. Auch Infektionskrankheiten der Mutter, z. B. Röteln, können in dieser Zeit Ursache für eine Schädigung des wachsenden Lebens und besonders des sich in dieser Zeit entwickelnden Gehirns sein.

Schädigung während der Geburt:

Während des Geburtsvorganges können Verletzungen des Kindes durch Hilfsmittel, z. B. Saugglocke oder Zange, entstehen, die sich nicht immer vermeiden lassen. Noch größere Bedeutung hat aber die Sauerstoffversorgung des kindlichen Gehirns, wenn sie während oder nach der Geburt unterbrochen wird.

Nach der Durchtrennung der Nabelschnur muß der erste Schrei erfolgen, d. h. die eigene Atmung des Kindes einsetzen. Erfolgt dieses nicht sofort, kann eine Unterbrechung der Sauerstoffversorgung entstehen. Das kindliche Gehirn ist sehr empfindlich gegen Sauerstoffmangel, denn schon nach wenigen Minuten sterben Nervenzellen ab. Da diese sich nicht regenerieren, entsteht eine Funktionsstörung in unterschiedlich großem Ausmaß.

Schädigungen im Kindesalter:

Im frühen Kindesalter ist das kindliche Hirn durch Unfälle, durch Stoffwechselkrankheiten oder Gehirntumore einer Schädigung ausgesetzt. Auch Infektionskrankheiten können zu Entzündungen des Gehirns und/oder der Hirnhäute führen und bleibende Schäden verursachen. Als Folge der Hirnschädigung kommt es zu Entwicklungsstörungen, z. B. Wahrnehmungsstörungen, Hör- oder Sprachauffälligkeiten, leichtere oder schwere Bewegungsstörungen oder gar Anfallsleiden.

Umweltbedingte Gründe:

Wahrnehmungsstörungen können auch die Folge eines länger andauernden Reizmangels im frühen Lebensalter sein. Zur Pflege und Versorgung des Kindes gehört auch das Angebot von Entwicklungsreizen (Spiel- und Lernangebote) in einer wohlwollenden, geborgenen Atmosphäre. Die angebotenen Sinnesreize werden vom Kind aufgenommen, über die Nervenbahnen zum Gehirn weitergeleitet, gespeichert und in Handlungen umgesetzt.

Verbleibt durch mangelndes Lernangebot diese Reizzufuhr, fehlen dem Kind die notwendigen Möglichkeiten, seine Umwelt kennenzulernen, zu begreifen und zu erfassen. Bei Kindern, die nach der Geburt in Säuglingsheimen lebten, konnten Störungen in der Wahrnehmung aufgrund mangelnder Reize nachgewiesen werden. Auch wenn Kinder sich weitgehend selbst überlassen bleiben und extrem vernachlässigt werden, entsteht ein Reizmangel, der zu Wahrnehmungsstörungen führen kann. In der klinischen Praxis werden oft beide Ursachen gleichzeitig festgestellt. Das Bild der Wahrnehmungsstörungen und der daraus resultierenden Leistungsmängel und die Verhaltensauffälligkeiten treten bei vernachlässigten Kindern umso massiver auf.

Diagnose und Behandlung von Wahrnehmungsstörungen:

Um eine Wahrnehmungsstörung festzustellen, muß eine gründliche kinderpsychiatrische Untersuchung erfolgen. Das beinhaltet die Feststellung einer umfassenden Vorgeschichte, eine medizinisch-neurologische Untersuchung, die Diagnostik der Intelligenz, der Sprache, des Seh- und Hörvermögens, die Überprüfung der motorischen und sensorischen Entwicklung.

Die Anwendung spezieller Testverfahren, z. B. Intelligenz-, Entwicklungs-, Wahrnehmungs- oder Schultests, geben Hinweise über die visuelle[1] Wahrnehmungsleistung.

Darüberhinaus weisen Zeichnungen des Kindes oder das Abzeichnen von Formen auf Wahrnehmungsauffälligkeiten hin. Auch die Beobachtung beim Bauen, Kneten, der Umgang mit Spielmaterial oder die Erfassung von Mengen geben Aufschluß über Fähigkeiten der Wahrnehmung.

Die psychologische Untersuchung bei visuell wahrnehmungsgestörten Kindern zeigt ein unterschiedliches Intelligenzniveau. Bei geistigbehinderten Kindern lassen sich nur schwer Wahrnehmungsstörungen diagnostizieren, da das allgemeine Leistungsprofil niedrig ist. Bei lernbehinderten Kindern treten Wahrnehmungsstörungen im Vergleich zu normal intelligenten Kindern auffallend gehäuft auf. Visuelle Wahrnehmungsstörungen sind jedoch auch bei durchschnittlich oder überdurchschnittlich intelligenten Kindern zu finden.

Nach der vom Arzt erstellten Diagnose erfolgt die Planung eines therapeutischen Programmes, das individuell auf das jeweilige Kind abgestimmt ist. Oft läßt sich nicht eindeutig feststellen, worauf die Wahrnehmungsstörung zurückzuführen ist. Dieses ist jedoch im Hinblick auf ein Trainingsprogramm und die Prognose nicht so bedeutsam. Ziel des Wahrnehmungstrainings ist es, funktionelle Reserven und Kompensationsmöglichkeiten im zentralen Nervensystem zu aktivieren.

---

[1] **visuell = optisch**

104

Das Wahrnehmungstraining kann unter Anleitung im häuslichen Bereich geschehen. Bei der Durchführung sollte beachtet werden, daß keine isolierte visuelle Förderung geschieht, sondern eine Kombination mit den Grundsinnen, d. h. dem Gleichgewichts-, Tastsinn und dem Sinn für die Tiefensensibilität. Von diesen Sinnen werden alle höheren Wahrnehmungsleistungen, z. B. im visuellen und akustischen Bereich, beeinflußt.

Wahrnehmungsförderung sollte immer Teil eines gut ausgewogenen Lernprogrammes sein, das die Sprache und die Motorik gleichermaßen mit einschließt.

Sind Wahrnehmungsstörungen schon von gravierender Verhaltensauffälligkeiten überlagert, kann es erforderlich sein, eine umfassende Therapie in einer Klinik durchzuführen. Dem Kind wird dort ein Schonraum gewährt, wo es nicht überfordert und seiner Stimmungslabilität angemessen begegnet wird, wo es wieder Mut fassen kann und erste Erfolgserlebnisse vermittelt bekommt.

Oft wird geglaubt, Wahrnehmungsstörungen beheben sich von alleine. Dieses trifft sicher nur bei Kindern zu, die geringe Wahrnehmungsauffälligkeiten haben und auf eine verständnisvolle und nicht überfordernde Umwelt treffen. In vielen Fällen vergrößern sich ohne Behandlung die Lerndefizite. Durch ständige Mißerfolge entstehen Sekundärsymptome (Verhaltensstörungen, Aggressionen, Leistungsverweigerungen) und die Chance verschlechtert sich, durch ein zu spät einsetzendes Wahrnehmungstraining, dieses doch noch erfolgreich durchzuführen.

2.1. Wie äußern sich Wahrnehmungsstörungen?

Dem geschulten Beobachter fallen wahrnehmungsgestörte Kinder schon im Kleinkind- und Kindergartenalter auf. Oft aber wird die Entwicklungsstörung erst bemerkt, wenn Lernprobleme in der Schule auftauchen.

Das Verhalten dieser Kinder zeigt auffällige Konzentrationsstörungen und eine kurze Aufmerksamkeitsspanne. Sie reagieren auf alle Einzelreize und sind nicht in der Lage, diese entsprechend ihrer Wichtigkeit zu bewerten. Alle Reize scheinen gleich wichtig zu sein, und sie können ihre Aufmerksamkeit nicht auf den im Moment wichtigsten Reiz einstellen.

Beim Spiel zeigen sie wenig Ausdauer und wechseln ständig die Spielinhalte. Das, was sie gerade sehen, möchten sie haben. Ihr Interesse verliert sich jedoch, wenn Neues ins Blickfeld tritt. Lange bleiben sie im Kritzelstadium und schaffen es spät oder nur schwer, gegenständlich zu zeichnen. Der Erwerb und die Wiedergabe geometrischer Grundformen erfolgt nur mit viel Mühe. Die Männchen-Zeichnung ist auffällig und entspricht nicht dem jeweiligen Entwicklungsstand.

Beim Schuhe-Zubinden fällt auf, daß diese Kinder lange üben, bis sie einen Knoten oder eine Schleife schaffen. Das selbständige Anziehen macht Probleme und wird relativ spät allein bewältigt.

Bei Nachahmungsspielen ist das wahrnehmungsgestörte Kind oft der schlechteste Spieler in der Gruppe. Einfache Übungen, die gezeigt werden, z. B. die rechte Hand auf das linke Knie legen, können nicht nachvollzogen werden. Dafür kann es aber möglicherweise andere schwierigere Aufgaben. Hier wird zu Unrecht vermutet, daß es könnte, wenn es nur wollte.

Da diese Kinder ihre Schwächen sehr bald durch die negativen Reaktionen der Umwelt kennengelernt haben, entwickeln sie gewisse Techniken und weichen Anforderungen aus. Ein Kind möchte zum Beispiel den Ball immer nur werfen, aber nicht fangen. Versucht es trotzdem einen Ball zu fangen, so erlebt es wieder, daß es aufgrund mangelnder Augenkontrolle zu spät die Hände fangbereit hält und danebengreift.

Eltern glauben oft, daß das Kind durch Übung geschickter würde und bestehen darauf, daß es immer wieder üben soll. Das Kind reagiert auf diesen Zwang aggressiv und allmählich weigert es sich, überhaupt noch einen Ball in die Hand zu nehmen. So führen ständige Mißerfolgserlebnisse sehr oft zu massiven Verhaltensstörungen.

Im ersten Schuljahr treten Probleme beim Erlernen der Schrift auf (Formwiedergabe), bei der Rechtschreibung (akustische Wahrnehmung), beim Lesen (Wahrnehmungskonstanz und Wahrnehmung der Raumlage), sowie der Mengenerfassung (Wahrnehmung räumlicher Beziehungen).

Oft werden diese Kinder erst aufgrund der Schulschwierigkeiten in einer Erziehungsberatungsstelle, schulpsychologischen Beratungsstelle oder Kinder- und Jugendpsychiatrie vorgestellt.

Im Vorschulalter wird ihre grundlegende Wahrnehmungsproblematik oft nicht richtig erkannt. Die Diagnostik sowie die Behandlung, haben lediglich die Sekundärsymptome (Aggressionen, Gruppenunfähigkeit, Konzentrationsschwäche) im Blickfeld.

Da Wahrnehmung immer im Zusammenhang mit anderen Entwicklungsbereichen zu sehen ist, sind visuelle Wahrnehmungsstörungen ein zusätzliches Begleitsymptom bewegungsgestörter, sprach- oder hörbehinderter Kinder.

Wenn ein cerebral bewegungsgestörtes Kind seine Hand nicht genügend bewegen kann, um bestimmte Dinge zu begreifen und zu betasten, so fehlen ihm entsprechende sensorische Erfahrungen. Da die motorische Störung im Vordergrund steht, wird das Wahrnehmungsproblem und die daraus resultierende Störung oft nicht genügend beachtet.

3. Lernbereich Handmotorik

Kapitel

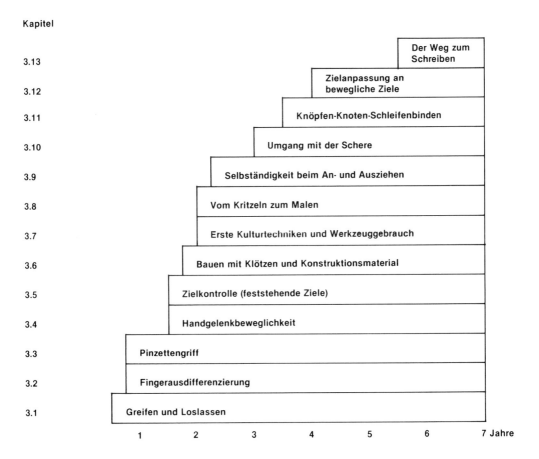

Kapitel		Jahre
3.13	Der Weg zum Schreiben	
3.12	Zielanpassung an bewegliche Ziele	
3.11	Knöpfen-Knoten-Schleifenbinden	
3.10	Umgang mit der Schere	
3.9	Selbständigkeit beim An- und Ausziehen	
3.8	Vom Kritzeln zum Malen	
3.7	Erste Kulturtechniken und Werkzeuggebrauch	
3.6	Bauen mit Klötzen und Konstruktionsmaterial	
3.5	Zielkontrolle (feststehende Ziele)	
3.4	Handgelenkbeweglichkeit	
3.3	Pinzettengriff	
3.2	Fingerausdifferenzierung	
3.1	Greifen und Loslassen	

1 2 3 4 5 6 7 Jahre

Material *Greiflinge, Rassel, Beißring, Wagenkette, bunter kleiner Stoffball an der Schnur, rauhe Textilien, Spielstangen mit Spielzeugen, Quietschtiere, Seifenblasen, Bauklötze, Tesaband, Luftschlangen, Papier, Alufolie, Hut, Tennisring, Hohlwürfel, Tamburin, dickes Seil, Gardinenbleischnur. Taschenlampe, Beutel, Tablett, Schüssel mit Reis oder Bohnen.*

3.1. *Förderschwerpunkt:* Greifen und Loslassen

Was heißt das?

Das Neugeborene hält seine Händchen noch zu Fäusten geschlossen. Es ergreift ein Spielzeug zunächst nur dann, wenn seine Handfläche zufällig damit in Berührung kommt. Der Gegenstand wird mit der ganzen Hand umklammert und festgehalten. Das wird durch den sogenannten Greifreflex bewirkt. Er verliert sich in den ersten drei Monaten. Dann erst werden die Hände geöffnet. Die Entwicklung des eigentlichen Greifens ist nun möglich.

Erst mit 4 oder 5 Monaten beginnt es, die Ärmchen in eine bestimmte Richtung auszustrecken. Wieder etwas später wird das Spielzeug ergriffen und sofort zum Mund geführt. Dabei vollführt das Baby schon eine Art Zielübung.

Ebenso wie das Greifen und Festhalten muß das bewußte Loslassen erst tausendfach geübt werden. Diese Versuche münden oft in ein unermüdliches Spiel ein. Das Baby ergreift Gegenstände und wirft sie immer wieder aus dem Bettchen. Es entdeckt, daß es die Dinge „beherrschen" kann. Dabei übt es im Spiel, den Griff absichtlich loszulassen. Der schnelle Wechsel von Muskelanspannung und -entspannung bildet die Voraussetzung zur Tätigkeit mit den Händen (Abb. 105).

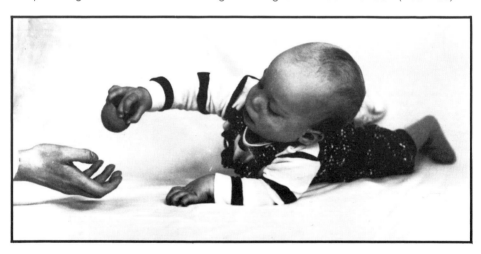

Abb. 105

Mit ca. 8 Monaten kann der Versuch gemacht werden, in jede Hand ein kleine Spielzeug zu geben. Am Anfang wird es sein erstes Spielzeug dabei aus der Hand legen. Später aber wird es mit beiden Händen zugreifen und sogar Gegenstände von einer Hand in die andere geben. Bald wird es auch die Spielzeuge gegeneinander schlagen, um dabei immer neue Geräusche zu entdecken und zu erproben.

110

Lernsituationen

● Berühren Sie die Handinnenflächen des Babys mit Ihrem Finger, dem Stiel einer Rassel oder mit einem Tuch.

● Massieren und streichen Sie die Handinnenfläche und Finger leicht mit Ihren Händen, mit dem Waschlappen oder mit rauhen Textilien.

● Legen Sie ein dickes, ca. 20 cm langes Seil, ein Band oder eine Gardinenbleischnur in die Hand des Kindes und ziehen Sie dieses langsam durch die Händchen. Führen Sie es abwechselnd mal rechts und mal links durch.

● Massieren Sie die einzelnen Fingerchen und bewegen Sie diese passiv. Strecken und beugen Sie die einzelnen Finger.

● Führen Sie die Hände des Kindes zur Körpermitte zusammen und reiben Sie diese aneinander.

Die Tasterfahrung durch den Mund ist ein wichtiges Lernmoment in der Entwicklung des Kindes.

● Geben Sie dem Kind ein Glöckchen oder eine Rassel in die Hand. Es soll aktiv daran schütteln.

● Bieten Sie dem Baby Quietschtiere an. Beim Zusammendrücken hört es einen Ton oder ein Geräusch. Jedes Quietschen regt zum erneuten Zugreifen und Loslassen an.

● Vor dem Kind werden in Greifnähe auf den Tisch zwei bunte Klötzchen gelegt. Motivieren Sie es zum Ergreifen des einen Klötzchens, und ermuntern Sie es dann sofort das andere zu greifen. Zu Beginn wird es sein erstes Spielzeug dabei aus der Hand legen, später wird es mit beiden Händen zugreifen und die Klötze aneinanderschlagen.

● Binden Sie kurzzeitig eine Rassel oder ein anderes Spielzeug an das Handgelenk des Babys. Es wird mit der anderen Hand versuchen, den Gegenstand zu bekommen und sich im Gebrauch beider Hände üben.

● Kleben Sie kleine, bunte Tesastreifen an oder zwischen die Fingerchen. Umbinden Sie mit Luftschlangen auch einmal mehrere Finger. Es wird versuchen, sich zu befreien und die andere Hand zu Hilfe nehmen. Beachten Sie, wie es darauf reagiert und Erfahrungen sammelt.

● Setzen Sie dem Kind einmal einen Hut oder einen Tennisring auf den Kopf. Greift es danach, um zu sehen, was das ist? Wie reagiert es, wenn Sie ihm ein Tuch auf den Kopf legen?

● Geben Sie dem Kind zwei kleine Hohlwürfel (Klötzchen), eins für jede Hand, und lassen Sie es damit auf den Tisch klopfen.

● In einem großen Hohlwürfel kann es seine kleine Faust verstecken. Ein kleiner Hohlwürfel kann in einen größeren gelegt und wieder herausgeholt werden.

● Üben Sie mit Ihrem Kind das Klatschen mit den Händen (Abb. 106). Auch das Patschen auf den Tisch oder auf's Wasser (abends in der Badewanne) macht einen Riesenspaß.

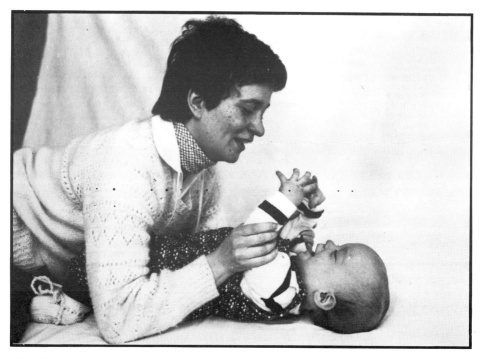

Abb. 106

● Geben Sie dem Kind ein Tamburin oder eine Waschmitteltonne und lassen Sie es mit den Händen darauf klopfen.

● Legen Sie das Baby auf den Rücken. Lassen Sie es mit seinen Händen Ihre Daumen umklammern. Halten Sie noch zusätzlich die Unterärmchen fest, führen Sie diese hoch und legen Sie sie sanft neben das Köpfchen. Wenden Sie dabei keinen Druck an. Dann führen Sie die Arme wieder zurück und legen sie neben die Hüften. Überkreuzen Sie hin und wieder die Arme, indem Sie diese nach außen führen, so daß sie die Unterlage der Wickelkommode berühren und dann zur Mitte des Körpers zurück. Das stärkt gleichzeitig die Ärmchen des Babys.

Führen Sie diese Greifübungen zwei- bis dreimal nach dem Wickeln oder Baden durch.

● Führen Sie mit dem Kind Fingerspiele durch (vgl. Optische Wahrnehmung, Kap. „Körpererfahrung").

● Bieten Sie eine Rassel, Greiflinge oder einen Beißring zum Greifen an, indem Sie diese in das Blickfeld des Kindes halten und seinen noch unsicheren und zögernden Greifbewegungen entgegenkommen. Beim Berühren der Handfläche wird spontan der Greifreflex ausgelöst.

● Befestigen Sie einen kleinen Stoffball an einer Schnur. Bewegen Sie diesen Ball vor den Augen des Kindes, damit es mit den Händen danach greifen und ihn wegstoßen kann.

112

- Geben Sie dem Kind Anregung zum selbständigen Greifen, indem Sie eine Wagenkette (Kugelkette, Glöckchenkette) quer über das Bettchen oder den Kinderwagen spannen. Die zunächst zufälligen Greifreaktionen lösen Geräusche und Bewegungen aus. Bald erkennt das Baby, daß es diese selbst erzeugen kann.

- Im Handel gibt es sogenannte Spielstangen, die sich an jedem Bettchen anbringen lassen. Daran können bunte Spielsachen zum Schauen und Greifen angehängt und wieder ausgetauscht werden, z. B. eine Sonnenspieldose, ein Blumenmobile, ein Farbmobile, ein Kugelpropeller oder ein Nickvogel.

- Im Bettchen des Kindes sollte immer etwas zum Schauen und Greifen liegen. Geben Sie ihm alle Spielzeuge, die es ohne Gefahr (Verletzung, Verschlucken) in den Mund nehmen kann.

- Mit viel Begeisterung wird das zweijährige Kind den fliegenden Seifenblasen nachlaufen und sie fangen wollen. Die vielen kleinen „Bälle" werden mit den Augen verfolgt, und die Hände fangen sie ein. Dabei üben sich die Hände im unermüdlichen Zugreifen.

- Vergraben Sie im Sand des Sandkastens oder während des Urlaubs am Strand kleine Dinge, z. B. Steine, Schippchen, Förmchen, und lassen Sie das Kind mit den Händen danach suchen.

Methodische Hinweise

Das Kind soll in seinen Spielangeboten unterschiedliche Materialien kennenlernen. Mund und Hände wollen die Eigenschaften verschiedener Oberflächen befühlen, z. B.: Holz ist hart, Plastik ist glatt, Frottee ist rauh und weich. Je vielseitiger die Eindrücke sind, die das Kind aufnimmt, desto mehr lernt es und hat Freude daran.

Die Spielzeuge für die winzigen Hände sollen griffig sein, sich drücken, schütteln oder werfen lassen. Hat das Baby im Ergreifen und Loslassen erkannt, daß es einen Gegenstand willkürlich fallenlassen kann, macht es daraus ein Spiel und wirft die Sachen aus dem Bettchen. Der Erwachsene holt die Dinge und legt sie wieder in Reichweite. Doch es dauert nicht lange, und die Spielzeuge liegen wieder außerhalb des Bettchens. Neben der Freude am Greifen und Fallenlassen enthält dieses Spiel viele soziale Lernelemente. Indem der Erwachsene oder das ältere Geschwisterchen mit liebevollen Worten und fröhlichem Blick die Dinge einsammelt und zum neuen Spiel ins Bett legt, erlebt das Baby Zuwendung.

Die Basis des Vertrauens zum Anderen wird auch durch dieses Spiel gelegt. Reagiert der Erwachsene ärgerlich auf die herausgeworfenen Dinge, weil er das Spiel des Kindes nicht versteht, kann in dieser Entwicklungsstufe schon ein Grund für spätere soziale Schwierigkeiten gelegt werden.

Hinweise für behinderte Kinder

Bei bewegungsgestörten Kindern ist die Greiffunktion oft nicht richtig ausgebildet. Auch dauert es viel länger, ehe sich die Fäuste öffnen. Helfen Sie diesem Kind, sich seiner Hände bewußt zu werden. Ermöglichen Sie ihm, etwas zu befühlen, zu ergreifen und loszulassen, ehe es mit Spielzeugen umgehen lernt.

- Leuchten Sie mit einer Taschenlampe, wenn möglich mit verschiedenfarbigen Glühbirnen (mit Farbe anstreichen), die Hände des Kindes an oder stecken Sie ihm die Lampe in die Faust, wo sie dann zwischen den Fingern durchscheint.

- Führen Sie Schattenspiele mit den Händen des Kindes durch und lenken Sie seine Aufmerksamkeit auf die verschiedenen Schattenbilder an der Wand.

- Malen Sie auf Handfläche und -rücken ein Gesicht. Sprechen und spielen Sie mit dem Gesicht.

- Kann das Kind seine Hände etwas gebrauchen, fordern Sie es auf, diese in eine Schüssel oder in ein Glas mit Reis, Linsen, Bohnen oder Erbsen zu stecken und die Hände darin zu bewegen.

- Die gleichen Inhalte können auf ein Tablett geschüttet werden, und das Kind soll diese von der Mitte an die Seiten des Tabletts schieben oder umgekehrt. Es erfährt so, daß es mit seinen Händen die Fläche mit dem Material verändern kann.

- Damit das bewegungsgestörte Kind Gegenstände greifen lernt, ohne daß diese gleich wegrutschen, legen Sie einige davon in einen Beutel. Es greift mit der Hand hinein und kann alles in Ruhe befühlen, erforschen und umherbewegen.

- Streichen Sie langsam und immer wieder mit den Händen des Kindes, einschließlich seiner Finger, über verschiedene Oberflächen.

- Stecken Sie die Finger des Kindes in Salz, Zucker, Marmelade, Eis oder eine Lieblingsspeise und lassen Sie diese ablecken.

- Wenn es schneit, bringen Sie ihm (falls das Kind nicht selbst in den Schnee kann) auch einen Eimer voll Schnee, damit es mit den Händen erfahren kann, wie er sich anfühlt.

- Verstecken Sie in einer Wanne mit Eicheln oder Kastanien ein kleines Spielzeug und lassen Sie dieses suchen.

Erweiterung der Lernsituationen durch Spielmaterial

	Hersteller
Spielstange	Fischer/Kiddicraft
Sonnenspieldose	Fischer
Blumenspieldose	Fischer
Farbmobile	Fischer
Kugelpropeller	Fischer
Nickvogel	Fischer
Kiddi-Hanteln	Kiddicraft
Babyringe (Dreieckrassel, Scheibenrassel, Schlüsselbund)	Kiddicraft
Kuller-Kugel	Kiddicraft
Kiddi-Wipp	Kiddicraft

Material   *Tamburin, Papierhütchen, Bleistift, Knete, Kinderklavier, Tommy-Fahr-zeuge von Kiddicraft, Spiegel, Rasierseife, Tablett, Puder, Fingerpup-pen, Tesaband*
Taschenlampe, Beutel, Tablett, Schüssel mit Reis oder Bohnen.

3.2. *Förderschwerpunkt:* **Fingerausdifferenzierung**

Was heißt das?

Um das „Instrument" Hand für spezielle Tätigkeiten richtig einsetzen zu können, muß eine ausreichende Fingerbeweglichkeit für isolierte Teilbewegungen, vor allem im Gebrauch des Zeigefingers, gegeben sein. Das Kind muß aber vor allem ein Bewußtsein für die Unterschiedlichkeiten seiner einzelnen Finger entwickeln (vgl. Kap. „Körpererfahrung").

Die Ausdifferenzierung der einzelnen Finger vollzieht sich im gleichen Schritt mit der Entwicklung der Intelligenz. Der Gebrauch einzelner Finger verlangt die Aufmerksamkeit des Verstandes.

Lernsituationen

● Bieten Sie dem Kind Spielzeuge an, die mit dem Zeigefinger durch einen Knopfdruck oder Hebeldruck in Bewegung gesetzt werden, z. B. Tommy-Fahrzeuge.

● Heben Sie durch Kinderverse oder Reime einzelne Finger besonders hervor. Fassen Sie dabei den benannten Finger an, reiben und bewegen Sie ihn.

Fingerspiele:
Dies ist der Daumen,
der schüttelt die Pflaumen,
der liest sie auf,
der trägt sie nach Haus,
und der Kleine —
der ißt sie ganz alleine.
(Alle Finger einer Hand spielen mit. Nacheinander wird vorgeführt, welcher Finger welche Aufgabe hat.)

Der ist in den Brunnen gefallen,
der hat ihn wieder herausgeholt,
der hat ihn ins Bett gelegt,
der hat ihn zugedeckt,
und der kleine Schelm hat ihn wieder aufgeweckt.
(Wird mit den Fingern einer Hand gespielt. Wieder wird gezeigt, welcher Finger was macht.)

Es sitzen zwei Tauben auf einem Dach,
die eine fliegt weg, die andere fliegt weg.
Die eine kommt wieder, die andere kommt wieder,
da sitzen sie alle beide wieder.
(Der Zeigefinger der rechten Hand spielt eine Taube, der Zeigefinger der linken Hand die andere. Wenn die Tauben wegfliegen, schnellt der jeweilige Zeigefinger in die Höhe.)

Zehn kleine Zappelmänner tanzen auf und nieder.
Zehn kleine Zappelmänner tun das immer wieder.
Zehn kleine Zappelmänner tanzen hin und her.
Zehn kleinen Zappelmännern fällt das gar nicht schwer.
Zehn kleine Zappelmänner spielen jetzt Versteck.
Zehn kleine Zappelmänner sind auf einmal weg!
(Zehn Finger tanzen als Zappelmänner auf einem Tisch herum, laufen hintereinander her, verstecken sich auf einmal — z. B. hinter dem Rücken des Kindes oder des Erwachsenen.)

In unserem Häuschen sind schrecklich viele Mäuschen.
Sie trippeln und trappeln, sie zippeln und zappeln,
sie stehlen und naschen, und will man sie haschen:
Flugs sind sie weg!
(Die Finger spielen Mäuschen. Sie kribbeln auf einem Tisch oder einer Sessellehne herum und verschwinden plötzlich schnell.)

Kommt eine Maus, die baut ein Haus,
kommt ein Mückchen, baut ein Brückchen,
kommt ein Floh, der sticht so und so und so!
(Zwei Finger laufen über Füße, Beine, Bauch und Arm des Kindes. Ein Finger sticht zum Schluß dreimal zu.)

● Kennzeichnen Sie einzelne Finger, indem Sie mal einen Fingerhut oder ein kleines Fingerpüppchen aufstecken (Abb. 107).

Abb. 107

● Setzen Sie auf einzelne Finger farbige Papierhütchen. Spielen Sie mit diesen „Hütchenfingern", indem Sie kleine Lieder singen und die Finger dazu tanzen lassen oder kleine Geschichten zu den Fingerpuppen erfinden.

116

● Der Zeigefinger oder der Daumen kann durch buntes Tesaband gekennzeichnet werden.

● Manche Spielzeuge haben kleine Löcher (z. B. Räder, Kugeln, Aufsteckscheiben der Ringpyramiden). In diese Vertiefungen können zum Erkunden die Fingerchen hineingesteckt werden (Abb. 108).

Abb. 108

● Lassen Sie das Kind die Zeigefingerkuppe ablecken und mit dem feuchten Finger Kuchenkrümel aufpicken.

● Spielerisch werden einzelne Finger ineinandergehakt, z. B. Zeigefinger in Zeigefinger. Anschließend wird leicht daran gezogen.

● Zeigen Sie dem Kind, wie es seine Faust machen kann. Dann wird die Hand wieder geöffnet. Durch die Anspannung und Entspannung werden die Finger gelockert.

● Machen Sie eine Faust und lassen Sie darin etwas Begehrenswertes verschwinden. Das Kind versucht die Faust zu öffnen. Vertauschen Sie auch einmal die Rolle, indem das Kind die Faust schließt und Sie versuchen, diese zu öffnen.

● Die Arme hängen nach unten. Durch aktives Schlenkern und Zappeln werden die Finger gelockert.

● Die Finger kratzen auf einem Tamburin. Dadurch entsteht ein interessantes Geräusch. Wie hört sich das an, wenn nur der Zeigefinger allein kratzt?

Kann es auch schon der kleine Finger? Wie leise oder wie laut können die Finger kratzen? Wie hört sich das Spiel auf dem Tamburin an, wen die einzelnen Finger klopfen?

Probieren Sie noch mehr Möglichkeiten mit den Fingern auf dem Tamburin aus.

● Sie sitzen mit dem Kind am Tisch und die Hände liegen flach darauf. Durch Strecken und Zusammenziehen der Hände entsteht die sogenannte Raupenbewegung.

● Die Finger werden abgespreizt und bewegen sich wie eine Spinne vorwärts. Begleiten Sie mit dem Vers: „Viele kleine Spinnenbeine krabbeln hin und her. Krabbeln rechts und krabbeln links, krabbeln rund umher!"

● Als Unterhaltung und oft mit viel Spaß werden von Kindern gerne folgende Spiele aufgegriffen:

Abspreizen des Daumens, des Zeigefingers oder des kleinen Fingers. Auf Vorzeigen einzelne Finger heben.
Der Zeigefinger berührt die Nase oder die Daumenkuppe.
Abwechselnd klopfen beide Zeigefinger und beide Daumen auf die Tischkante.
Strecken der Finger beider Hände und dann zur Faust schließen.
Einen Bleistift mit zwei Fingern vorwärtsrollen.
Bestreichen Sie einem großen Spiegel mit Schaum und lassen Sie das Kind mit den Fingern darauf Linien ziehen.
Streuen Sie Puder auf ein Tablett mit einer schwarzen Unterlage. Die Finger des Kindes malen Spuren darauf.

● Bieten Sie dem Kind weiche Knete an. Es können Fingerabdrücke in die Knetmasse gedrückt, Kugeln oder Schlangen daraus gerollt werden. Ältere Kinder modellieren aus Knete einfache Tierformen, kleine Gefäße oder menschliche Figuren.

Methodische Hinweise

In den ersten beiden Lebensjahren sollten die Spiele für die Hand- und Fingergeschicklichkeit besondere Beachtung finden, gehören doch die Hände mit zu den wichtigsten „Werkzeugen", die wir haben. Es hat sich für diese Zeit als günstig erwiesen, zunächst immer mit beiden Händen zu üben. Zeigt das Kind jedoch im Laufe seiner Weiterentwicklung eine deutliche Bevorzugung einer Hand, so soll dieser Tendenz keinesfalls entgegengewirkt werden.

Hinweise für behinderte Kinder

● Das Kinderspielklavier hat sich zur Verbesserung der Fingerbeweglichkeit als Übungsinstrument besonders für feinmotorisch gestörte Kinder bewährt. Zunächst werden die Tasten meist mit der ganzen Hand angeschlagen, da es diese noch als Ganzheit erlebt. Mit nur wenig Mühe hat es durch dieses Spiel ein hörbares „feed-back" (Abb. 109). Geben Sie ihm Zeit, sich an dieser neuen Erfahrung zu erfreuen.

Abb. 109

Motivieren Sie das Kind, auch beide Hände abwechselnd zu gebrauchen. Nach solchen ersten Versuchen nehmen Sie behutsam seine Hände und helfen ihm, mit seinem Zeigefinger die Tasten anzuschlagen. Wechseln Sie die Hände des Kindes. Die Ausdifferenzierung eines Fingers kostet dem Kind viel Kraft. Führen Sie die Übung nur kurz, aber mehrmals am Tage durch.

Erweiterung der Lernsituationen durch Spielmaterial

	Hersteller
Fingerspiel	Kiddicraft
Kindertelefon	versch. Hersteller
Registrierkasse	Fischer
Lokomotive	Kiddicraft
Schiff	Kiddicraft
Lkw	Kiddicraft
Feuerwehr	Kiddicraft
Krabbelball	Kiddicraft
Fingerspiele (Kartei)	Verlag gruppenpädagogischer Literatur

Material *Holzperlen, Kaffeedose mit Plastikdeckel, Fingerhut, Fingerpüppchen, Tesaband, Hampelmann, Spieluhr mit Kordel zum Aufziehen, Schokolade, Gummibärchen, Sieh-hinein-Puzzle (O. Maier Verlag), Holz- oder Plastikstecker und Steckbrett, Wäscheklammern, Käseschachtel, kleine Spieltiere*

3.3. *Förderschwerpunkt:* Pinzettengriff

Was heißt das?

Zur Entwicklung des Greifens gehört nicht nur das Öffnen und Schließen der Hände, sondern auch die Art und Weise, wie die Hand einen Gegenstand nimmt und festhält. Zunächst greift das Baby einen Gegenstand noch mit der ganzen Hand. Um aber kleinere Dinge „in den Griff" zu bekommen, muß das Kind die Fingerspitzen von Daumen und Zeigefinger ähnlich einer Pinzette gebrauchen lernen. Die Fähigkeit den Daumen der übrigen Hand gegenüberzustellen, entwickelt sich bis zum 12. Monat. Dieses ist der Beginn der für die gesamte Feinmotorik der Hand unentbehrlichen Fingerkoordination.

Lernsituationen

● Geben Sie dem Kind ein paar auf eine Schnur oder Kordel aufgezogene Holzperlen zum Spielen und lassen Sie diese von einem zum anderen Ende schieben. Achten Sie darauf, daß die Schnur gut verknotet ist und sich nicht löst.

Ähnlich können auch die Perlen einer Rechenmaschine hin und herbewegt werden.

● Dem Kind soll Gelegenheit gegeben werden, an der Schnur einer Stehlampe, einer Spieluhr oder eines Hampelmanns zu ziehen.

● Da schon kleine Dinge mit den Augen bemerkt werden, wollen die Hände diese auch greifen. Nehmen Sie Eßbares, da das einjährige Kind die Dinge alle zum Mund führt. Brotkrumen, Keksstücke oder Rosinen können zum Aufnehmen angeboten werden (Abb. 110).

Abb. 110

120

- Lassen Sie kleine, trockene Brotkrumen zwischen den Fingern zerreiben.

- Bieten Sie Spielzeuge an, welche die Betätigung des Daumens und Zeigefingers erfordern. Dazu gehören „Sieh-hinein-Puzzle". Bei diesen Spielen handelt es sich um ein Pappbild mit unterschiedlichen Motiven, z. B. einen Wald mit Tieren und Bäumen oder um ein Bauernhaus. Einige der Bildmotive sind mit einem Stift zum Anfassen versehen und können herausgenommen werden. Unter dem herausnehmbaren Bild ist ein neues Motiv zu finden. Mit Ausdauer und Begeisterung nehmen Kinder die Tiere, Fenster oder Teile eines Baumes heraus und freuen sich, den Vogel im Nest oder Blumen hinter dem Fenster gefunden zu haben.

- Setzen Sie Steckspiele ein. Das zweijährige Kind sollte Holzstecker (Durchmesser 1 cm) angeboten bekommen, da diese leichter zu handhaben sind als Plastikstecker. Zunächst wird das Einstecken wahllos erfolgen. Es probiert aus und Sie sollten das Spiel nicht durch Hinweise einengen. Ist das Material bekannt, können Sie durch Anregungen das Spiel erweitern.

  Plastikstecker gibt es in verschiedenen Größen. Die Einsteckbretter sollten nicht zu klein sein. Mit den Steckern können etwa ab 4. Lebensjahr Farbreihen, logische Reihen (blau — rot — blau — rot usw.) oder einfache Motive gesteckt werden. Kinder können bei Steckspielen lange verweilen.

- Nehmen Sie eine Kaffeedose mit einem Plastikdeckel (Abb. 111). In diesen Deckel schneiden Sie einen schmalen Schlitz. Besorgen Sie sich mehrere flache Knöpfe, die durch den Deckel gesteckt werden können. Wenn das Kind die Knöpfe einsteckt, lassen Sie dabei die Hände wechseln. Einmal steckt die rechte Hand die Knöpfe durch den Schlitz und einmal die linke Hand. Wenn alle Knöpfe in der Dose verschwunden sind, macht es Spaß, diese mit lautem Krach zu schütteln.

Abb. 111

● Geben Sie dem Kind eine Formenbox (Abb. 112). Zum Einstecken der Formen wird der Daumen und Zeigefinger benutzt (vgl. Kapitel „Formenzuordnung").

Abb. 112

● Besorgen Sie sich Muggelsteine. Das sind halbkreisförmige, bunte Plastikspielsteine, die im Spielwarenhandel in verschiedenen Größen zu bekommen sind. Je nach Entwicklungsstand des Kindes lassen Sie mehrere Muggelsteine auf den Tisch legen und in einen Behälter nach Farben einsortieren oder Spiele zur Mengenerfassung durchführen (vgl. Kapitel „Farbzuordnung" und „Mengenerkennung").

Die einzelnen Muggelsteine können auch zu Mustern oder logischen Reihen gelegt werden. Motivieren Sie das Kind, die Steine einzeln anzufassen und dazu den Daumen und den Zeigefinger zu benutzen.

● Nehmen Sie Bilderbücher mit dicken Pappseiten und lassen Sie das Kind diese beim Betrachten umblättern.

● Älteren Kindern kann das „Flohspiel" angeboten werden. Bunte, kleine Spielplättchen werden mit einem größeren Spielstein weggeschnippt. Welcher „Floh" hüpft am weitesten? Oder: Welcher „Floh" hüpft in ein bestimmtes Ziel, z. B. eine Schale, ein Körbchen oder einen Karton?

Methodische Hinweise
Wenn Sie beobachten, daß die Ausdifferenzierung des Daumens und des Zeigefingers bei kleineren Dingen noch nicht ausreichend gelingt, bieten Sie dem Kind entsprechend größere Gegenstände zum Greifen an, z. B. Kastanien, Eicheln oder Lego-Bausteine. Durch spielendes Üben wird die Fähigkeit, auch kleinere Objekte zu greifen, allmählich ausgebildet.

Hinweise für behinderte Kinder

Hat das 3- bis 4jährige Kind mit der gezielten Greifbewegung der Finger noch Probleme, so haben sich Spiele mit Wäscheklammern gut bewährt.

● Nehmen Sie einen mit einfarbigem Papier beklebten Bierdeckel und zeigen Sie dem Kind, wie Sie die Klammern strahlenförmig daraufstecken. Das fertige Produkt sieht aus wie ein Untersetzer oder wie eine Sonne.

● Es wird ein „Käfig" gebaut, indem die Wäscheklammern senkrecht auf den Rand einer kleinen Dose oder Käseschachtel gesteckt werden. Zum Schluß wird ein kleines Spieltier (Elefant, Giraffe, Bär) hineingesetzt (Abb. 113).

Abb. 113

● Die Wäscheklammern können auch ein Krokodil darstellen, das großen Hunger hat und etwas zu essen haben möchte. Durch Zusammendrücken der Wäscheklammer macht das Krokodil sein Maul auf und bekommt einen großen Happen (Papierschnipsel).

● Das Kind hilft beim Aufhängen der Wäsche und klammert diese fest.

Außer den aufgeführten Übungen in diesem Bereich sollten zur Lockerung der ganzen Hand die Spiele des Kapitels „Greifen und Loslassen" mit eingebaut werden.

Erweiterung der Lernsituationen durch Spielmaterial

	Hersteller
Perlenkette	Kiddicraft
Kugelbahn	versch. Hersteller
Einlegespiele	Otto Maier
Steckigel	Meistergilde
Apfelbaumspiel	Stannecker
Einsteckspiel (Formenbox)	Kiddicraft
Zauberzeichner	Otto Maier
Quips	Otto Maier
Holz-Puzzle	
(m. Knopf z. Anfassen)	Eichhorn
Spielbretter	Steinmeier
Frühstück/Garagen/Tiere/Bauernhof	Steinmeier

Material *Hammerbank, Glockenspiel, Waschmitteltonne, Tamburin, Klöppel, Kochlöffel, Sandspielzeug, 2 Becher, Erbsen, Dosen und Flaschen mit Schraubverschluß, Kasperpuppen, Ton, Bleistift, Pfeifenputzer, Schrauben mit Muttern, Hammer, Nägel, Holz, Fahrrad*

3.4. *Förderschwerpunkt:* Handgelenkbeweglichkeit

Was heißt das?

Zunächst führt das Baby alle Handbewegungen mit dem ganzen Arm aus. Die Beweglichkeit des Handgelenks bildet sich erst im 2. Lebensjahr aus. Sie ist eine wichtige Voraussetzung für Schlagbewegungen, Werfen, das Auf- und Zuschrauben, Kurbeldrehen oder für das Essen mit dem Löffel. Um die „Instrumente" Arm und Hand koordiniert einsetzen zu können, müssen die Hände beweglich und locker sein. Dreh- und Schraubbewegungen verlangen die stetige Verbesserung schwieriger und kombinierter Handbewegungen. Das Kind muß die bereits gelernte Greifbewegung erweitern und ausbauen, damit es zu Dreh- und Schraubbewegungen kommt. Sie erfordern eine Bewegungskombination aus Zugreifen, Drehen, Loslassen und wieder zugreifen. Oft verwechseln die Kinder zu Beginn die Drehrichtung (links- oder rechtsherum) und führen die Drehbewegung nicht im Handgelenk, sondern mit dem ganzen Arm aus.

Lernsituationen

● Schlagbewegung:

Bieten Sie dem Kind ein Hammerbänkchen an. Mit dem dazugehörigen kleinen Holzhammer wird es zunächst wahllos daraufschlagen, ohne die einzelnen Bolzen gezielt zu treffen. Es mangelt ihm noch an der differenzierten Hand-Auge-Koordination, die sich erst allmählich ausbildet. Das Schlagen macht aber Spaß, und das reicht aus. Das Kind hat zunächst noch nicht das Bedürfnis, gezielt zu schlagen. Es freut sich an der neuen Erfahrung des Klopfens, die es gemacht hat und wird nicht müde, dieses zu wiederholen. Durch das spielende Üben wird sein Handgelenk gelockert und die Beweglichkeit des Armes gefördert.

● Die Schlagbewegung kann auch auf einer umgedrehten Waschmitteltonne mit einem Kochlöffel erfolgen.

● Ein Tamburin wird auf den Boden gelegt. Das Kind trommelt mit dem Klöppel oder der Hand darauf.

● Geben Sie dem Kind ein Glockenspiel, das zu unermüdlichem Anschlagen der Töne herausfordert.

● Das Vorschulkind wird mit Vergnügen große Nägel in weiches Holz schlagen. Helfen Sie bei den ersten Versuchen, bis Sie den Eindruck haben, daß es mit dem Hammer angemessen umgehen kann (vgl. Kap. „Erste Kulturtechniken und Werkzeuggebrauch").

124

● Schraub- und Drehbewegung:

Die Beweglichkeit der Hände wird durch fortlaufendes, gleichzeitiges Hin- und Herdrehen beider Handgelenke verbessert. Begleiten Sie mit dem Reim:
Wie das Fähnchen auf dem Turm,
sich kann dreh'n bei Wind und Sturm,
so kann sich mein Händchen drehn,
daß es eine Lust ist anzusehn.

● Die Schraub- und Drehbewegung kann mit Hilfe einfacher Schraubdosen interessant gemacht werden (Abb. 114). Nehmen Sie schmale Dosen, die in die Hand des Kindes passen. Zu Beginn wird es notwendig sein, beim Halten der Dose mitzuhelfen. In der Dose liegt eine kleine Belohnung, z. B. ein Gummibärchen. Bevor Sie dem Kind die Dose zum Aufschrauben geben, schütteln Sie diese, um Aufmerksamkeit und Interesse an der Dose zu erhöhen. Dann drehen Sie vor den Augen des Kindes den Deckel leicht auf, damit es den Lernschritt beobachten kann, schließen die Dose und überlassen Sie ihm diese. Nun wird es durch Hin- und Herdrehen versuchen, den Mechanismus zu erforschen. Ein Kind sollte nicht zu lange ohne Erfolg ausprobieren, da es sonst entmutigt wird. Zum gegebenen Zeitpunkt führen Sie die Hände so, daß sich die Dose öffnet und die ersehnte Belohnung geholt werden kann.

Abb. 114

● Wird das Schrauben gekonnt, so bieten sich Flaschen mit Schraubverschluß zum Öffnen an. Wasserhähne werden auf- und zugedreht.

● Sobald die ersten Laufschritte gemacht werden und der Schrank als Standhilfe dient, sind Schrankschlüssel eine natürliche Gelegenheit zum übenden Entdecken des Schließmechanismus.

● Drehen Sie ein Fahrrad um und stellen Sie es auf die Lenkstange und den Sattel. Das Kind kurbelt die Pedale mit der Hand und bringt die Räder in Bewegung (Vorsicht, daß die Hände nicht in die Speichen fassen).

- Pfeifenputzer können um einen Bleistift zur Spirale aufgewickelt werden.

- Stecken Sie Schrauben verschiedener Größe durch ein Brett und lassen Sie das Auf- und Zuschrauben von Muttern üben.

- Der Umgang mit Wasser und Sand gehört zu den wichtigsten Beschäftigungen und Lernmomenten im Kleinkindalter. Versuchen Sie im Garten oder auf dem Balkon eine Sandspielecke zu schaffen. Für die Sandkiste auf dem Balkon gibt es in Kaufhäusern Plastikbecken in der Größe ca. 80x80 cm. Verschiedene Sandformen, Eimer, Schaufel, Siebe, Sandrad und Gießkanne, mehr braucht das kleine Kind nicht für sein Spiel im Sand. Es übt dabei — ohne es zu wissen — die Beweglichkeit seiner Handgelenke.

- Arbeiten im Haushalt werden von jüngeren Kindern sehr gerne ausgeführt und sollten als Lernfeld bewußt mit einbezogen werden.

  Beispiele: Brei umrühren, Kartoffeln mit einem Stampfer zerdrücken, etwas durchsieben und umfüllen, Scheuertuch oder Wäsche auswringen, Tische abwischen.

- Mit einem Becher Wasser schöpfen und dieses Wasser in den Becher der anderen Hand gießen und umgekehrt. Der Becher kann zum Umschütten auch mit Erbsen, Bohnen oder Sand gefüllt werden. Bei jedem Umschütten kommt es zu Drehungen im Handgelenk.

- Lassen Sie das Kind mit Pappmachée, Ton und Lehm experimentieren.

- Bieten Sie Kasperlepuppen an. Das Führen der Puppe lockert die Handbewegung.

- Lassen Sie das Kind den Inhalt von Reimen, Liedern und Geschichten durch Handgesten untermalen.

- Wer kann mit beiden Händen gleichzeitig winken? Dabei werden in schneller Folge die Handgelenke abgewinkelt und gestreckt.

- Mit einem Fächer oder mit der Hand wird Luft zugewedelt.

- Abwechselnd tippen die Fingerspitzen beider Hände auf die Tischplatte und dann die Handballen. Wer kann es am schnellsten?

Methodische Hinweise

Hat das Kind die Schlagbewegung entdeckt, wird es unermüdlich diese neue Funktion ausprobieren. So kann es natürlich auch vorkommen, daß es mit dem Löffel auf den Teller oder gar in den Brei schlägt. Es kennt noch nicht die Grenzen dieses neuen Spiels. Weisen Sie es liebevoll aber konsequent darauf hin, daß der Löffel zum Essen ist und nicht zum Schlagen.

Hinweise für behinderte Kinder

Beobachten Sie, ob Ihr Kind über ausreichende Handgelenkbeweglichkeit verfügt, um Wink- und Drehbewegungen auszuführen. Nur wenn diese Voraussetzung erfüllt ist, wird sich die Handgeschicklichkeit entwickeln können. Oft verfügt das behinderte Kind auch nicht über die erforderliche Kraft in den Händen, die zur Bewältigung der Aufgaben benötigt werden. Schalten Sie dann Übungen ein, die verstärkt die Handkräftigung ansprechen, z. B. Kneten, Zusammendrücken von Quietschtieren oder eines weichen Balles, Schließen und Öffnen der Hände, Spiele mit Wäscheklammern, Zusammendrücken von Knackfröschen (vgl. Kap. ,,Greifen und Loslassen'' und ,,Pinzettengriff'').

Erweiterung der Lernsituationen durch Spielmaterial

	Hersteller
Klopfkasten	Fischer
Winden und Drehen	Kiddicraft
Baudosen mit Deckel	Kiddicraft
Schraubenspindel	Kiddicraft
Fliegende Akrobaten	Kiddicraft
Feuerwehr (Xylophon)	Kiddicraft
Handpuppen	versch. Hersteller
Baufix	Baufix
Zahnradspiel	Kiddicraft

Material   *Steckpyramide, Glocke von Playskool, Formenbox, Papprolle, Gardinen-bleischnur, Holzkugeln, versch. große Perlen, Band zum Auffädeln, Eis-zange, Pinzette, Kleinmaterial zum Aufheben mit einer Zange, Seifen-blasen, Wasserglas/Plastikbecher, Flasche, Erbsen, Briefkarten, Loch-zange, Nadel, Faden, Papier, Hammerbänkchen, Schreibmaschine, Falt-papier, Papierkorb, Ball, Sandsäckchen, Glasklicker, Kreide, Handtrom-mel, Tennisball, Tischtennisball, Waschmitteltonnen, Schaumstoff-stück 20x30x10 cm, Stühle, Tennisringe, Blechdosen, Wasserpistole, Stöckchen, Reifen, selbst gefertigtes Wurfspiel, Bildmaterial, Weich-holz, Hammer und Nägel*

3.5. *Förderschwerpunkt:* Zielkontrolle (feststehende Ziele)

Was heißt das?

Schon im ersten Lebensjahr übt sich das Kind im gezielten Greifen, wenn es ein Spielzeug oder einen Gegenstand sieht und ihn haben will. Die Funktionen der Hän-de differenzieren sich von Tag zu Tag. Bei den folgenden zielorientierten Bewe-gungsabläufen kommt es mehr noch als bei anderen handgeschicklichen Tätigkei-ten auf bewußtes Hinsehen, auf Konzentration und auf ein gutes Zusammenwirken von Auge und Hand im Sinne einer Richtungskontrolle im Moment der Zielhandlung an. Diese Fähigkeit wird in der Schule beim Schreiben, beim Handarbeiten und Ba-steln, beim Sport, überall dort, wo genaues und korrektes Abstimmen auf ein Ziel hin erfolgen muß, benötigt. Viele Berufe im späteren Leben, z. B. der des Mechani-kers, Schlossers, Technikers, erfordern eine besonders gute Leistung in diesem Funktionsbereich.

Lernsituationen

● Für das anderthalb- bis zweijährige Kind gibt es im Handel Steckspielzeug, wo gelochte Scheiben über einen Stab gesteckt werden, z. B. Steckpyramide v. Kid-dicraft, Glocke v. Playskool (Abb. 115).

Abb. 115

● Geben Sie dem zweijährigen Kind eine Papprolle (Küchenpapierrolle) und ein Bambus-, Plastik- oder Rohrstöckchen. Es soll dieses durch die Rolle stecken. Die Aufgabe sieht einfach aus, kann manchem Kind zunächst aber Probleme bereiten. Beobachten Sie, wie es das Stöckchen in die Rolle steckt, wie es dieses auf der anderen Seite herausnimmt und wie das Übergreifen ausgeführt wird (Abb. 116).

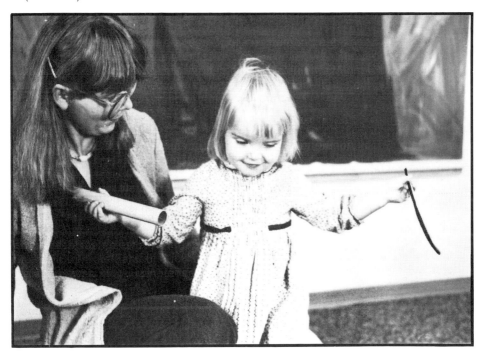

Abb. 116

● Bereitet das Durchstecken eines Stockes durch eine Papprolle keine Schwierigkeiten mehr, geben Sie dem Kind eine Bleischnur oder dünne Metallkette, die es von oben in die Rolle gleiten lassen kann. Sie können die Pappröhre auch auf den Tisch stellen, und das Kind läßt die Kette langsam darin verschwinden. Später hält das Kind das Rohr in der Hand und führt die Kette hindurch.

● Dicke Holzkugeln (in Gardinenabteilungen von Kaufhäusern erhältlich) können auf einen ca. 25 cm langen Stock gesteckt werden. Das eine Ende des Stockes ist mit einem kleinen Querstab versehen, damit die Kugeln gehalten werden.

● Das Kind bekommt Perlen zum Auffädeln. Beginnen Sie mit großen, bunten Holzperlen und dicker Schnur (Plastikwäscheleine) und gehen Sie erst später zu immer kleiner werdenden Perlen und immer dünnerer Schnur über, je nach Bewältigung der Aufgabe.

● Bieten Sie dem Kind eine Formenbox an. Je nach Entwicklungsstand können die Einsteckformen leichter oder schwieriger sein.

● Es können Gegenstände, z. B. Styroporstücke, Watte, Nüsse, Perlen mit einer Gebäck- oder Eiszange aufgehoben und in ein Körbchen gelegt werden. Beginnen Sie mit einer großen Zange und großem Material und gehen Sie allmählich zu einer Pinzette und kleinen Dingen über, je nach Lerngeschwindigkeit des Kindes. Jede Übung sollte immer erfolgreich sein.

● Ein Wasserglas, gefüllt mit Wasser, wird über eine bestimmte Entfernung getragen. Das geschieht zunächst mit beiden Händen, dann mit einer Hand, später in jeder Hand ein volles Glas.

● Lassen Sie das Kind Wasser aus einem Glas in ein anderes umgießen. Je kleiner die Gläser, desto schwieriger die Aufgabe.

● Es können Erbsen einzeln in Flaschen gefüllt werden. Mit den Geschwistern oder anderen Kindern wird damit ein kleines Wettspiel veranstaltet. Wer hat zuerst seine Erbsen aus dem vollen Schüsselchen in eine Flasche gefüllt?

● Nehmen Sie eine Lochzange und versehen Sie eine Briefkarte am Rand im Abstand von 1,5 cm mit kleinen Löchern. Das Kind umnäht die Karte mit einer stumpfen Nadel und bunter Kordel oder mit Wolle. Auf die Karte kann etwas gemalt oder geklebt werden, und ein kleines Geschenk ist fertig.

Im Handel gibt es Nähkarten mit einfachen Motiven zum Ausnähen.

● Suchen Sie in einer Illustrierten oder einem alten Bilderbuch ein hübsches, lustiges Bild aus. Legen Sie das ausgewählte Bild auf eine weiche Unterlage (Zeitung, Schaumstoff) und lassen Sie das Kind mit einer Stecknadel den Umriß rund herum ausstechen. Zum Schluß löst sich das Bild heraus und kann dann aufgeklebt werden.

● Bieten Sie ein Hammerbänkchen an. Die Holzpflöcke werden mit einem Hammer in die Vertiefung getrieben (vgl. Kap. „Erste Kulturtechniken und Werkzeuggebrauch").

● Es können dicke Nägel mit einem Hammer in Weichholz eingeschlagen werden (vgl. Kap. „Erste Kulturtechniken und Werkzeuggebrauch").

● Mit den Zeigefingern auf einer Schreibmaschine tippen, auf einem Kinderklavier spielen (vgl. Kap. „Fingerausdifferenzierung").

● Beliebt ist bei Kindern das Falten mit bunten Faltpapieren (in Spielwarengeschäften erhältlich). Beginnen Sie mit ganz einfachen Formen und Figuren, die aus einem Quadrat gefaltet werden, z. B. Buch, Schrank, Haus, Drachen, Segelschiff, Schiff, Fangbecher, Zaubertüte, Windmühle, Blumenvase, Fisch, Vogel, Schwein. Die Anleitungen dazu finden Sie in dem Buch „Lustiges Papierfaltbüchlein" von I. Huber, Otto-Maier-Verlag, Ravensburg.

● Stellen Sie als Wurfziel einen Papierkorb, eine Waschmitteltonne oder ein anderes Gefäß (Größe dem Können des Kindes angemessen) in ein bis zwei Meter Entfernung auf. Suchen Sie sich verschiedene Gegenstände, z. B. Bälle, Sand- oder Reissäckchen, Bauklötze, die dort hineingeworfen werden können. Erschweren Sie das Spiel, indem die Entfernung vergrößert wird.

● Fertigen Sie aus einem zugeklebten großen Pappkarton (ca. 70x70 cm) ein Clowngesicht mit weit geöffnetem Mund an. Bekleben Sie den Karton lustig bunt und schneiden Sie als Mund ein ca. 15—20 cm großes Loch. Dann stellen Sie den

Clown so auf, daß aus einiger Entfernung (je weiter weg, umso schwieriger) weiche Tennisbälle in den Mund des Clowns gezielt werden.

● Gerne spielen Kinder mit Glasklickern. Graben Sie an einer geeigneten Stelle in der Erde eine kleine Vertiefung und zeigen Sie dem Kind das altbekannte Murmelspiel. Aus ca. 2—3 m Entfernung werden die Glasmurmeln in das Loch gerollt. Großen Spaß macht es, wenn mehrere Kinder mitspielen und ein kleines Wettspiel veranstaltet wird.

● Das Kind wirft den Ball durch einen hochgehaltenen Reifen.

● Malen Sie mit Kreide an einer Wand einen Kreis oder suchen Sie ein anderes Ziel, auf das ein Ball geworfen werden kann. Anfangs sollte es nicht zu hoch sein.

● Eine Handtrommel liegt mit dem Trommelfell nach unten auf dem Boden. Mit einem Tennisball wird versucht hineinzuzielen.

● Stellen Sie 2—3 Waschmitteltonnen oder große Baumklötze aufeinander. Obendrauf wird ein Schaumstoffstück (Größe 20x30x10 cm) gelegt, das mit Tennisbällen heruntergeworfen werden soll. Beachten Sie die Wurfrichtung (keine Fensterscheiben im Hintergrund!).

● Ein Stuhl wird so auf einen anderen gestellt, daß seine vier Beine in die Luft ragen. Über die Stuhlbeine können nun Tennisringe gehängt oder geworfen werden.

● Bauen Sie mit dem Kind gemeinsam aus Steinen, Stöcken oder Baumklötzen ein Tor, durch das ein Ball gerollt werden kann. Wie läßt sich der Ball mit einem Stock hindurchrollen?

Zeigen Sie dem Kind, wie man sich mit dem Rücken zum Tor stellen und den Ball durch die gegrätschten Beine rollen kann!

● Stellen Sie aus mehreren Dosen Türme her. Aus entsprechender Entfernung wird der Dosenturm umgeworfen. Wer hat die meisten Dosen umgeworfen?

● Ein besonders beliebtes Spiel ist das Zielschießen mit einer Wasserpistole. Ziele lassen sich beliebig finden, am besten außerhalb der Wohnung!

● Beziehen Sie bei Vorschulkindern auch Zielübungen im Umgang mit dem Stift ein. Beispiele dazu finden Sie auf Seite 175 im Kapitel „Der Weg zum Schreiben".

Methodische Hinweise

Gestalten Sie die Spiele so, daß sie auf dem Lernniveau Ihres Kindes liegen. Kinder drängen selbst nach höheren Zielen, wenn sie eine Aufgabe können. Beobachten Sie, ob das Kind mit diesen Spielen Probleme hat. Ist es unsicher beim gezielten Greifen? Trifft es am Ziel vorbei? Führt es diese Art Spiele ungern aus? Zwinkert es bei längerem, genauen Hinschauen mit den Augen? Führt es die Augen bei bestimmten Arbeiten sehr nahe zu dem Gegenstand heran? — Wenn eine dieser Fragen mit „Ja" beantwortet wird, sollten Sie eine Sehprüfung bei einem Augenarzt vornehmen lassen. Das Auge übernimmt bei all diesen Übungen die Führung und leitet die Bewegungen der Hand.

Lassen Sie die Zielübungen auch hin und wieder mit der ungeübten Hand ausführen. Bitte zwingen Sie aber ein linkshändiges Kind nie zum Gebrauch der rechten Hand!

Hinweise für behinderte Kinder

Beginnen Sie je nach Entwicklungsstand Ihres Kindes mit ganz einfachen Übungen. Da viele geistig behinderte oder bewegungsbehinderte Kinder noch zusätzlich Augenprobleme haben, stellt dieser Lernbereich hohe Anforderungen an das Können Ihres Sorgenkindes. Gestalten Sie die aufgeführten Spiele so einfach, daß sie für das Kind immer erfolgreich sind. Es wird erforderlich sein, einzelne Spiele in kleine Schritte zu unterteilen.

Beispiele:

● Die Papprolle, durch die das Stöckchen gesteckt wird, hat zunächst die Größe einer Toilettenpapierrolle und wird allmählich verlängert.

● Die Formenbox wird ersetzt durch eine Kaffeedose mit Plastikdeckel, der mit einem Schlitz versehen ist. In diesen Schlitz werden flache Knöpfe gesteckt.

● Bevor Sie dem Kind ein Steckspielzeug mit gelochten Scheiben anbieten, schalten Sie zum Aufstecken Gardinenringe von ca. 5 cm Durchmesser vor, später nehmen Sie ca. 2 cm große Ringe.

Zeigen Sie dem Kind, wie es diese Ringe auf den Stab stecken soll. Führen Sie, falls notwendig, die Hand.

Hin und wieder werden Sie durch Handführung die Aufgabe verdeutlichen, den geplanten Weg zeigen und „einschleifen" müssen. Dabei sollte die Handführung von hinten erfolgen (Kind sitzt auf dem Schoß der Mutter). Die beidhändige Koordination des Erwachsenen überträgt sich so leichter auf die Hände des Kindes. Auf diese Weise spüren Sie auch besser, ob das Kind die Durchführung der Aufgabe begriffen hat und können schrittweise Ihre Hilfe vermindern. In dieser Position kann das Kind auch nicht so leicht abgelenkt werden und fühlt sich auf dem Schoß geborgen.

Oft entstehen Fehler bei der Handführung, indem der Blick auf das Material durch die Hände verdeckt ist. Dadurch erfährt das Kind optisch die Aufgabe nicht, sondern führt „blindlings" aus, was von ihm verlangt wird.

Gehen Sie behutsam vor, wenn sich das Kind gegen die Handführung wehrt. Vermitteln Sie durch Tastübung Gewöhnung an das Material. Durch Interessantmachen des Übungsgegenstandes kann Interesse und Freude daran geweckt werden.

Greift und zielt das Kind nur immer mit seiner unbehinderten Hand und setzt es die andere nie ein, so legen Sie die zu greifenden Gegenstände ab und zu auch auf die Seite der behinderten Hand. Es ist für das Kind seelisch nicht zu verkraften, wenn es gezwungen wird, nur seine behinderte Hand zu gebrauchen. Der abwechselnde Gebrauch („dein anderes Händchen will doch auch mal dran") ist hier besser.

Erweiterung der Lernsituationen durch Spielmaterial

	Hersteller
Sortierbaukasten (3 Formen)	Fischer
Zusammenbaukreisel	Fischer
Puzzlestab	Fischer
Rädchenspiel	Selekta
Einsteckwürfel	Kiddicraft
Ringpyramide	Kiddicraft
Aufschnürperlen	Kiddicraft
Flechthölzer	versch. Hersteller
Riesenpyramide	Fischer
Steckspiel (Holz oder Plastik)	versch. Hersteller
Der verflixte Turm	Spear
Klick (Magnet Mikado)	Schmidt
Packesel	Schmidt
Glockenhütchen	Spear
Mikado (große Stäbe)	versch. Hersteller
Neue Ausnähbilder	Otto Maier
Matador Lochbausteine	Matador
Fischertechnik von 3—6	Fischer

Material *farblose Holzbauklötze in verschiedenen Formen (Würfel, Quader, Drei-eck, Platte), bunte Bauklötze, Konstruktionsbaukästen*

3.6. *Förderschwerpunkt:* Bauen mit Klötzen und Konstruktionsmaterial

Was heißt das?

Das freie Bauen und Gestalten nach eigener Vorstellung ist für Kinder von großer Bedeutung. Bauen fördert die Phantasie, Kreativität und Handgeschicklichkeit des Kindes. Es erfährt dabei spielend die physikalischen Gesetzlichkeiten der Statik. Wenn ein Bauwerk immer wieder umfällt, merkt das Kind allmählich, wie es die Klöt-ze ergreifen und passend draufsetzen muß.

Im Vorschulalter erwacht das Interesse am Bauen nach vorgefertigten Bausätzen und bestimmten Vorlagen. Diese Konstruktionsbaukästen schulen die Fähigkeit, Bauteile sachgerecht zu wählen, Teile eines Stückes miteinander zu verbinden, zu verschrauben, zusammenzustecken und mehrere Schritte vorauszuplanen. Dabei lernt das Kind, mechanische Zusammenhänge zu begreifen, und die zur Konstruk-tion bestimmten Elemente (vorwiegend Plastik) erfordern feine Fingerbewegungen. An Plastikelementen kann das Kind die Erfahrung der statischen Gesetze (Gleichge-wicht, Stabilität) nicht im gleichen Maße machen, wie an einfachen Bauklötzen. Konstruktionsbaukästen sollten daher nicht zu früh in die Hand des Kindes gege-ben werden (ab ca. 5 Jahren).

Lernsituationen

● Etwa zu Beginn des 2. Halbjahres wird das Kind begierig nach einem Bauklotz greifen und ihn in den Mund stecken. Es wird ihn befühlen, aufmerksam betrach-ten, mit den Händen darauf patschen oder ihn auf den Tisch klopfen und sich an dem Krach freuen.

● Geben Sie dem Kind einen zweiten Bauklotz in die Hand. Es wird verwundert schauen, den ersten Bauklotz fallen lassen und sich dem neuen zuwenden. Bei dem vielfältigen Hantieren entdeckt es, daß der Bauklotz stehen kann. So ergreift es ihn, stellt ihn vor sich hin, betrachtet ihn aus größerer Entfernung, holt ihn wie-der, stellt ihn hin und freut sich an dieser neuen Spielerfahrung.

● Mit ca. 8 Monaten kann es in jeder Hand einen Bauklotz halten. Es wird beide Klötze aneinanderschlagen. Das macht Krach und bedeutet wieder neues Erle-ben. Die Bauklötze können aber auch nebeneinander auf den Tisch oder auf den Fußboden gestellt werden. Auf einmal entdeckt es, daß zwei aufeinandergestell-te Klötze auch aufeinander stehen können. Es hat seinen ersten Turm gebaut.

● Beim Turmbau werden die Klötze zuerst ungenau aufeinandergesetzt, d. h. ein-fach übereinander gelegt. Das Kind erhebt noch nicht den Anspruch, etwas Fe-stes bauen zu wollen, sondern freut sich, wenn der Turm zusammenstürzt. Der Krach und die Spannung — wie hoch kann ich bauen — motivieren zu immer neuem Tun. Nachdem es genügend Erfahrung gemacht hat, daß der Turm immer wieder einstürzt, bemerkt es, wie die Klötze präzise aufgesetzt werden müssen. Das Auge kontrolliert dabei die Tätigkeit der Hände (Abb. 117).

Abb. 117

● Das Bauen entfaltet und differenziert sich im Laufe der kindlichen Entwicklung mehr und mehr, wie man das bei fast jedem Kind beobachten kann. Lange Zeit baut es Türme oder stellt Klötze zu kompakten Bauten nebeneinander. Ein großer Fortschritt ist erreicht, wenn das Prinzip des Überbrückens entdeckt ist. Dabei stellt es zwei Bauklötze nebeneinander und legt einen dritten Klotz darüber (Abb. 118).

Abb. 118

● Später werden die Häuser mit Mauern und Gärten umbaut. Die dritte Dimension, die Raumtiefe wird erfahren, wenn es z. B. einen großen Brunnen baut.

● Zwischen dem 5. und 7. Lebensjahr können zunächst einfache, dann schwierigere Konstruktionsbaukästen eingesetzt werden.

Methodische Hinweise

Wie sollen Bauklötze beschaffen sein?

Anzahl und Größe:

Das beste Baumaterial für ein Kleinkind, auch noch für ein Schulkind, sind farblose Klötze aus Holz, am besten Buchenholz. Diese sollten sorgfältig und genau gearbeitet sein, glatte Kanten, scharfe Ecken haben und absolut splitterfrei sein. Nur so lassen sie sich gut stapeln.

Das wesentliche beim Bauen ist die Gestaltung der Form. Die Farbe spielt dabei eine untergeordnete Rolle. Das Kind sollte nicht durch die Farbe von der Formerfassung abgelenkt werden.

Der bunte Baukasten kann im Vorschulalter angeboten werden, um die Gestaltungsaufgabe zu erweitern.

Die Form der Bauklötze:

Pädagogisch wichtig ist die Form der Bauklötze. Im Kind ist ein Reichtum an schöpferischer Gestaltungskraft, der durch festgelegtes Material, z. B. fertige Häuser, fertige Bäume oder Turmspitzen eingeengt wird.

Bauklötze sollten so geformt sein, daß das Kind alles aus ihnen gestalten kann, wozu es von seiner Phantasie gedrängt wird. Es sollten harmonisch aufeinander abgestimmte, einfache, geometrische Formen sein, z. B. Würfel, Quader, Dreiecke, Platten.

Für 3- bis 5jährige Kinder sollten es nicht mehr als drei verschiedene Formen, später nicht mehr als sechs Formen sein. Durch ihre Einfachheit fordern diese Bauklötze zum eigenen Problemlösen auf. Es hält nicht alles, was das Kind zusammenfügt. So muß es experimentieren und sein Denken anstrengen, wenn das Bauwerk halten soll. In diesem Spiel wird das Kind geistig gefördert und in seiner Konzentration und Feinmotorik geschult.

Der Buntbaukasten:

Wenn Sie im Vorschulalter farbige Bauklötze anbieten, sollten folgende Punkte beachtet werden:

Von jeder Form müssen mehrere, gleichfarbige Stücke vorhanden sein. Das Kind muß die Möglichkeit haben, einen rhythmischen Farbwechsel durchzuführen. Die Bauklötze sollen nur wenige Formen und nicht zu viele Farben haben.

Bei dem jüngeren Kind reichen zwei Farben aus. Schulkinder werden auch mit mehreren Farben fertig. Zu viele Farben lenken von der eigentlichen Aufgabe des Bauens mit farbigem Material ab. Die Farben sollten so gewählt werden, daß sie ansprechend sind und zum Bauen motivieren. Am besten sind die Grundfarben rot — blau

— gelb — grün geeignet. Abzulehnen sind grelle, süßliche und verwaschene Farben. Sie verbilden das Farbempfinden des Kindes.

Die Aufgabe der Eltern erschöpft sich nicht nur in der Auswahl geeigneten Baumaterials. Sie können auch wesentlich dazu beitragen, die kindliche Gestaltungskraft zu fördern und zu pflegen. Nehmen Sie sich Zeit für Ihr Kind, wenn es etwas bauen will. Es braucht das Lob für sein Bauwerk. Es braucht den liebevollen Blick, die Wärme und Fröhlichkeit, die es zu immer neuem Schaffen anregt. Dabei können Mutter oder Vater nebenbei selbst einer Tätigkeit nachgehen.

Bei einem sich normal entwickelndem Kind ist Vorbauen nicht erforderlich.

Konstruktionsbaukästen:

Im Handel gibt es verschiedene Bausysteme, die unterschiedlich hohe Anforderungen an das Können des Kindes stellen. Die einzelnen Bausysteme werden wieder in unterschiedlichen Schwierigkeitsgraden angeboten.

Bei jedem Bau- oder Konstruktionsmaterial sollte das Kind mit dem Grundkasten beginnen, um mit dem Material und dem Bauprinzip vertraut zu werden. Kommt es damit zurecht und hat es Freude daran, sollten die wichtigsten und meist benötigten Bauelemente erweitert werden, denn ohne genügend Baumaterial erlahmt die Baufreude schnell.

Kinder möchten gerne verschiedene Konstruktionsmaterialien kennenlernen, doch es ist besser, von nur einem Bausystem eine ausreichende Menge zu haben, als von mehreren Bausystemen nur wenig Material. Wenn Geschwister unterschiedliche Konstruktionsbaukästen haben, ergibt sich die Vielfalt von selbst.

Je nach Bewältigung des Bauens und Konstruierens können spezielle Elemente hinzugefügt und so ein immer umfangreicheres Bauen ermöglicht werden. Kleine oder behinderte Kinder benötigen große Bauelemente. Sie können damit besser hantieren und kommen schneller zu einem Ergebnis.

Beobachten Sie Ihr Kind beim Bauen mit Bauklötzen. Wenn es über einfaches Zusammenfügen der Klötze zu Reihen oder Mauern nicht hinauskommt, zeigt es, daß es dem Baumaterial noch nicht gewachsen ist.

Vorlagen sollten beim Bauen nur bedingt als Anregung eingesetzt werden. Kinder wollen möglichst viel selbst probieren.

Hinweise für behinderte Kinder

Geistig behinderte Kinder brauchen auch im Spiel mit Bauklötzen die Lenkung und Förderung durch den Erwachsenen. Ohne Anstoß von außen werden sie nur wahllos mit dem Material hantieren, ohne erlebte und beobachtete Erfahrung im Spiel umzusetzen. Gehen Sie Schritt für Schritt der aufgezeigten normalen Bauentwicklung nach. Beobachten Sie dabei sehr genau, um eventuell aufbrechende eigene Ideen aufzugreifen und zu unterstützen. Vieles wird bei behinderten Kindern über Nachahmung gefördert. Dazu benötigen Sie doppeltes Material. Jeder Handgriff, jede Übung — z. B. den Bauklotz zu ergreifen und auf den Tisch zu stellen — muß genau beobachtet werden, ehe es vom Kinde nachvollzogen werden kann.

Begleiten Sie das Spiel mit einfachen, klaren Sätzen:

,,Hol Dir den Bauklotz! Leg den Bauklotz wieder auf den Tisch!'' Oft wird es notwendig sein, die Hand zu führen, bis der Vorgang verstanden wurde. Wiederholen Sie die einzelnen Lernschritte. Bringen Sie Neues ein, wenn das Vorhergehende bewältigt wurde.

Für bewegungsgestörte Kinder sollte großes Baumaterial zur Verfügung stehen. Es hat mehr Standfestigkeit und fällt nicht so leicht um. Oft sind andere Bauelemente als Holzbaukästen dann auch besser geeignet, z. B. Lego-Duplosteine.

Erweiterung der Lernsituationen durch Spielmaterial

	Hersteller
BABYPLAY (Bauklötze)	Eichhorn
Holzbausteine (Größe 4,8 cm)	Selecta
Dr. Kietz-Baukasten	Meistergilde
Fischertechnik von 3—6	Fischer
Matador-Baumaterial	Matador
Lego-Universalkasten	Lego
Baufix-Bausatz	Baufix
Fischertechnik — Grundkasten 50	Fischer
Holzbahn	Eichhorn
Burgen-Baukasten	Eichhorn

Material   *Teller mit Brei, Löffel, zweihenklige Tasse, Lerntasse von ALETE, Hammerbänkchen, Kinderharke, Messer, Gabel, Knete, Spule, Faden, Hammer, Nägel, Schraubenzieher, Kneifzange, Zollstock*

3.7. *Förderschwerpunkt:* Erste Kulturtechniken und Werkzeuggebrauch

Was heißt das?

Unter Werkzeuggebrauch ist jede Tätigkeit zu verstehen, die mittels eines Gegenstandes ausgeführt wird. Wenn das Baby die Erfahrung macht, daß es sich mit einer Schnur sein Spielzeug wieder heranziehen kann, so bedient es sich erstmals eines Hilfsmittels bzw. Werkzeugs. Das gleiche gilt für das Trinken aus der Tasse, das Essen mit dem Löffel oder den Gebrauch der Zahnbürste. Wieder später hantiert es mit einfachen Spielwerkzeugen, oder führt die ersten Schneideversuche mit einer runden Kinderschere aus.

Im 4. Lebensjahr fängt das Kind an, mit einem Messer zu schneiden, ein Jahr später beherrscht es schon die Fertigkeit, sein Brot mit einem Messer zu bestreichen. Alles sind Lerninhalte auf dem Wege zu differenzierten handgeschicklichen Fertigkeiten.

Lernsituationen

● Legen Sie vor Ihrem Kind auf dem Tisch einen begehrenswerten Gegenstand so weit entfernt, daß es mit seinen Händchen nicht herankommen kann. Legen Sie außerdem in seine Reichweite eine kleine Kinderharke oder ein Stöckchen mit einem Querstab am Ende. Bitten Sie nun das Kind, sich z. B. das kleine Auto zu holen. Nimmt es nicht die Harke als Hilfsmittel, dann geben Sie ihm diese in die Hand und zeigen Sie ihm den Weg.

● Der Ball ist unter den Schrank gerollt. Geben Sie dem Kind ein Stöckchen in die Hand und fordern Sie es auf, damit den Ball unter dem Schrank wieder hervorzuholen.

● Essen mit dem Löffel:
  Der Gebrauch eines Löffels und der sichere Umgang damit setzt sich aus mehreren Lernschritten zusammen. Wenn Sie damit beginnen, sollte das Kind auf Ihrem Schoß oder auf einem entsprechenden Kinderstuhl sitzen. Vor dem Kind steht ein Kinderteller mit Brei oder einer Kost, die sich gut mit dem Löffel schöpfen läßt. Wenn das Kind keine Gegenwehr zeigt, so geben Sie ihm den Löffel in die Vorzugshand und führen diese (nicht den Löffel) zum Teller, um mit dem Löffel den Brei zu schöpfen und dann zum Mund des Kindes zu bringen. Hat es den Brei mit dem Mund vom Löffel genommen, führen Sie seine Hand zurück und wiederholen den ganzen Vorgang. Bauen Sie bei jeder Breimahlzeit einige Versuche zum selbständigen Essen ein.

Ganz allmählich nehmen Sie die Handführung zurück, indem Sie die Hand loslassen, wenn der Löffel die Lippen berührt. Dann hören Sie mit der Hilfe kurz vor dem Mund auf, und später nehmen Sie Ihre Hand auf halbem Wege fort.

Beim Essenschöpfen helfen Sie noch und bauen hier ebenfalls Zug um Zug Ihre Hilfe ab.

Hat das Kind den Vorgang verstanden, wird es bald alleine essen wollen und sich gegen jede Hilfe wehren. Zunächst wird das „Löffeln" nicht so ganz klappen, doch: Übung macht den Meister. Das Lätzchen sollte für diese selbständigen Eßversuche etwas größer sein (Abb. 119).

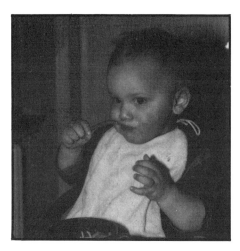 

Abb. 119

Abb. 120

● Trinken aus der Tasse:

Um das Trinken zu erlernen, nehmen Sie eine zweihenklige Tasse. Das Kind sitzt am Tisch. Vor ihm steht eine viertelgefüllte Tasse mit seinem Lieblingsgetränk. Führen Sie nun die Hände des Kindes zur Tasse und legen Sie Ihre Hände darüber. Mutter und Kind umgreifen die Tasse und bringen sie zum Mund des Kindes. Die Neigung der Tasse muß durch die Mutter gelenkt werden. Anschließend werden die Hände des Kindes wieder so geführt, daß es die Tasse vorsichtig zurückstellt und losläßt. Haben Sie nach Tagen oder Wochen den Eindruck, daß das Kind den Bewegungsablauf verstanden hat, so lassen Sie schrittweise Ihre Hilfe weg. Führen Sie mit dem Kind zusammen die Tasse an seine Lippen, dann lassen Sie vorsichtig los und warten, bis das Kind getrunken hat. Ihre Hände bleiben in unmittelbarer Nähe der Tasse über den Händen des Kindes, damit Sie, falls erforderlich, helfen können.

Besonders schwierig beim Trinkenlernen ist es, die Neigung der Tasse richtig abzuschätzen; oft fließt mehr am Mund herunter als in den Mund hinein. Beim Abstellen der Tasse helfen Sie noch. Bei den nächsten Trinkversuchen geben Sie noch erforderliche Hilfestellung, bis es die Selbständigkeit beim Trinken erreicht hat (Abb. 120).

● Geben Sie dem Kind, wenn es ca. 2 Jahre alt ist, ein im Spielwarenhandel erhältliches Hammerbänkchen. Mit einem Holzhammer werden Stöpsel in eine Holzbank mit Löchern eingeschlagen (Abb. 121).

Abb. 121

● Die Fertigkeit, mit Messer und Gabel zu essen, sollte bei Vorschulkindern üblich sein. Beginnen Sie spielerisch bei den ersten Schneideversuchen mit „Würsten" aus Ton, die geschnitten werden, mit Kuchenteig oder Knete, die bearbeitet werden können (Abb. 122).

● Beim Essen sollten die ersten Dinge, die zum Schneiden angeboten werden, weich sein, z. B. Pfannkuchen, Brot, Knödel. Bald drängt das Kind auch danach, sein Brot selbst zu streichen. Erklären und zeigen Sie ihm den Vorgang. Es kann zu Beginn notwendig sein, die Hand zu führen, bis die Streichbewegung verstanden wurde.

● Zeigen Sie dem Kind, wie ein Faden auf eine Spule gewickelt wird. Nehmen Sie zum Lernen eine große Spule und dickes Garn. Der Faden sollte nicht länger als 50—60 cm sein. Befestigen Sie ihn an der Spule, damit er sich nicht lösen kann. Das Festhalten der Spule in der einen Hand und das Führen des Fadens mit der anderen Hand benötigt die volle Konzentration und Aufmerksamkeit des Kindes. Ist ihm das Aufwickeln geläufig, knoten Sie die Schnur nicht mehr fest, sondern weisen darauf hin, daß es den Faden mit der Spule festhalten muß.

● Als erstes handwerkliches Arbeiten können Kinder schon ab 5—7 Jahren folgendes ausführen:

Mit einem Hammer Nägel in weiches Holz schlagen, Schrauben mit einem Schraubenzieher ein- und ausschrauben, Nägel mit einer Kneifzange herausziehen, mit einem Zollstock etwas messen oder etwas zusammenkleben.

● Setzen Sie auch die Lernsituation des Kapitels „Umgang mit der Schere" ein.

Abb. 122

Methodische Hinweise

Begleiten Sie den Lernvorgang beim Trinken und Essen mit für das Kind verständlichen Worten. Geben Sie klare Anweisungen, auch wenn Sie den Eindruck haben, das Kind versteht Sie noch nicht. Allmählich wird es die Worte mit der durchgeführten Handlung verbinden und selbst die gehörten Worte nachplappern.

Kinder interessieren sich sehr für Werkzeuge. Lassen Sie die ersten Lernversuche nur unter Aufsicht starten, bis Sie sicher sind, daß es mit Messer, Gabel, Hammer oder Schere richtig umgehen kann.

Hinweise für behinderte Kinder

Um das selbständige Trinken und Essen einzuüben, sollte das Kind, evtl. auch mit entsprechenden Hilfsmitteln, sitzen können. Bei körperlich behinderten Kindern muß überlegt werden, ob ein Spezialbesteck, eine Vertiefung für den Teller, eine rutschsichere Unterlage oder andere Hilfsvorrichtungen entsprechend der Behinderung angeboten werden müssen.

Sollte das Kind noch nicht greifen können, muß ein Funktionstraining des Greifens vorgeschaltet werden. Erst, wenn es den Löffel richtig halten kann, ist der Lernschritt des selbständigen Essens aufzubauen. Kann das Kind den Brei nicht vom Löffel nehmen, da ein mangelhafter Mundschluß erfolgt, drücken Sie den Löffel zusammen mit dem Brei auf die Zunge oder streifen ihn an Oberkiefer und Oberlippe ab. Außerdem sollten bei diesen Kindern spezielle Übungen zur Hand- und Mundmotorik durch entsprechende Fachkräfte (Sprach- und Beschäftigungstherapeuten) durchgeführt werden.

Bei hyperaktiven, unruhigen Kindern wird das Stillsitzen am Tisch ein Problem sein. Beginnen Sie das Kind mit kleinen Zeiteinheiten an den Eßplatz zu gewöhnen. Führen Sie Spiele am Tisch durch. Lassen Sie die Brotmahlzeiten immer am gleichen Platz einnehmen. Nach wenigen Minuten des Sitzens räumen Sie einige Bewegungsrunden für das Kind ein, z. B. einige Male um den Tisch laufen, Bewegungsspiele wie ,,Häschen in der Grube", ,,Ringel-rangel-Rose" oder das bekannte Spiel ,,Hoppe, hoppe Reiter". Meist schafft es dann die nächsten Minuten wieder besser. Allmählich paßt es sich der Essens- und Tischsituation an und es kann auf die ,,Zwischenrunden" verzichtet werden.

Beim Trinken aus der Tasse kann es bei behinderten Kindern ebenfalls viele Probleme geben. Öffnet ein Kind zwar den Mund, setzt die Tasse an die Unterlippe, schluckt aber nicht, so neigen Sie den Kopf leicht nach hinten und gießen ihm ein bißchen Flüssigkeit in den Mund. Dadurch wird der notwendige Schluckreflex ausgelöst, auch ohne Mundschluß.

Bei einem solchen Kind empfiehlt sich eine Tasse mit Deckel und Saugschlitz. Kann das Kind die Tasse nicht zum Mund führen, weil eine Zielunsicherheit oder spastische Störung es daran hindert, so gießen Sie weniger Flüssigkeit in die Tasse, damit sie nicht so schwer ist und entfernen z. B. die Bleiplatte bei der Lerntasse (von ALETE).

Läßt das behinderte Kind das Getränk aus dem Mund herausfließen, so kann dieses auf mangelhaften Mundschluß zurückzuführen sein, der durch entsprechendes Funktionstraining verbessert werden muß.

Damit das behinderte Kind gezielt drehen, schrauben und klopfen lernt, ist es notwendig, je nachdem kräftig bzw. abgebremst mit seinen Werkzeugen umzugehen. Den ungeübten behinderten Kindern fehlt zunächst das Gefühl, die Werkzeuge angemessen einzusetzen. Erst durch häufiges Üben erfahren sie, wie kräftig oder wie vorsichtig sie die Werkzeuge bedienen müssen.

Erweiterung der Lernsituationen durch Spielmaterial

	Hersteller
Klopfkasten	Fischer
Fliegende Akrobaten	Kiddicraft
Knocky Block	Kiddicraft (ambi-toys)
Trommel tam tam	Kiddicraft
Hammerspiel	Kiddicraft (ambi-toys)
Kleine Werkbank	Playskool
Baufix-Bausatz	Baufix
Matador Baukasten	Johann Korbuly
Nagelspiel	Habe
Angelspiel	Otto Maier
Glockenhütchen	Spear
Große Werkbank	Eichhorn

Material   versch. Malpapiere, versch. Malstifte, Pergamentpapier, Malhefte, Knete, lange Schnur, Faltpapiere, Match-box-Auto, Kugel, Holzreifen, Tamburin, logische Blöcke, Stecker und Steckbrett, selbstgefertigte Schablonen aus Pappe

3.8. *Förderschwerpunkt:* **Vom Kritzeln zum Malen**

Was heißt das?

Im zweiten Lebensjahr lernt das Kind, einen Bleistift zu umgreifen. Es hantiert noch wild mit dem Stift herum, ist aber über zufällige Striche und Spuren auf dem Papier fasziniert. Der Stift wird noch auf alle möglichen Arten gehalten. Oft schaut es gar nicht hin, wenn es malt. Die Augen können die Handbewegungen noch nicht kontrollieren und steuern. Gegen Ende des 2. Lebensjahres beginnt das Kind bewußt zu kritzeln und hat eine bessere optische Kontrolle über seine Striche. Der Stift wird beim Zeichnen noch vom ganzen Arm oder sogar vom Körper her gesteuert. Später führen nur der Unterarm, dann die Hand und schließlich nur noch die Finger die Malbewegung aus. Farben spielen beim ersten Kritzeln keine Rolle, obwohl das Kind in der Lage ist, schöne Farbkompositionen zu erstellen. In den Bildern, die das Kind malt, bringt es sein Erleben, Fühlen und Denken zu Papier.

Die Stadien in der Entwicklung der Strichführung lassen sich dem jeweiligen Entwicklungsalter etwa wie folgt zuordnen:

2 Jahre: Eckiges Kritzeln, später runde Malbewegungen (Abb. 123).

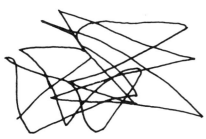 

Abb. 123

3 Jahre: Runde, geschlossene Formen (Abb. 124).

Abb. 124

144

3 1/2 bis 4 Jahre: Zickzacklinien, einzelne Striche. Es beginnt sein Gekritzel zu benennen (Abb. 125).

4—5 Jahre: Das vierjährige Kind zeichnet die Umrisse eines Menschen in der Gestalt eines „Kopffüßlers". An einem großen, runden Kopf sitzen Spinnenbeine. Erst allmählich werden Stricharme hinzugefügt (Abb. 126).

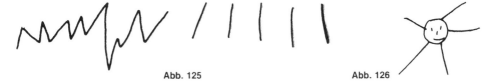

Abb. 125   Abb. 126

5—6 Jahre: Gegenständliches Malen. Der Mensch wird mit ca. 10 Teilen wiedergegeben (Abb. 127).

Abb. 127

Bevor ein Kind gezielte Schreibbewegungen ausführt, sollte die Strichführung sicher gefestigt sein.

Bei den beidhändigen Malübungen handelt es sich um Lockerungsübungen, die Sie ja nach Bedarf einsetzen können. Besonders hilfreich sind sie für motorisch gehemmte und verkrampfte Kinder.

Lernsituationen

● Kritzeln:

Beginnen Sie mit Übungen die Spaß machen und Erfolgserlebnisse vermitteln. Lassen Sie das Kind auf großem Papier mit Filzstiften oder auf einer großen Wandtafel einfach draufloskritzeln. Der Stift kann ein Auto sein und über das Papier fahren. An einem anderen Tag kann das Kritzeln durch Musik interessant gemacht werden. Nehmen Sie dazu eine Musik, die das Kind gerne hört und wodurch es zum freudigen Tun motiviert wird.

● Lassen Sie mit Wachskreide bunte Felder auf Pergamentpapier ausmalen. Falten Sie das bemalte Papier zusammen und bügeln Sie die unbemalte Seite leicht über. Dabei schmilzt die Wachskreide (Vorsicht, nicht zu heiß werden lassen), und die Farben laufen bunt ineinander. Aus dem hergestellten Buntpapier lassen sich Karten, Ampeln oder Wandschmuck herstellen.

● Auf ein Kritzelbild können kleine Faltarbeiten oder ausgeschnittene Bilder geklebt werden.

● Es können vorgezeichnete Formen, z. B. ein Haus, ein Baum, ein Ball, ein Fisch oder ein Schiff ausgemalt werden.

Hinführung zum gegenständlichen Malen:

Bevor ein Kind einfache Formen malen kann, muß es diese optisch erfaßt haben. Erst dann ist es in der Lage, sie mit dem Stift wiederzugeben.

● Einübung des Kreises:

Beginnen Sie mit großräumigen Übungen und kommen Sie schrittweise zu den gezielten, feinen Malbewegungen auf dem Papier.

Lassen Sie das Kind auf der Linie eines auf dem Boden gelegten oder gemalten Kreises entlanggehen.

● — mit dem Finger den Rand einer runden Schüssel oder eines Eimers umfahren.

● — eine Kugel oder einen Ball in einen Holzreifen legen und sie darin im Kreis bewegen.

● — mit einem Spielzeugauto auf einer Kreislinie entlangfahren.

● — eine Kugel in ein Tamburin legen und die Kreisbewegung mit dem Arm steuern.

● — eine Kugel an einen Faden hängen und damit eine horizontale Rundbewegung erzeugen.

● — mit beiden Händen Kreise in die Luft malen.

● — mit der Hand Kreise auf den Tisch malen.

● — den Kreis in der Rille einer Kreisschablone aus Pappe oder Sperrholz nachziehen.

● — Bälle und Kugeln aus Knete oder Teig herstellen.

● — auf der Tafel oder auf festgeklebtem Papier Bälle oder Seifenblasen mit dem Stift malen.

● — Kreise des Materials „Logische Blöcke" umranden, ausmalen und ausschneiden.

● Wird der Kreis vom Kind gemalt, können mit kleinen Ergänzungen durch Striche schon verschiedene Motive entstehen (Abb. 128).

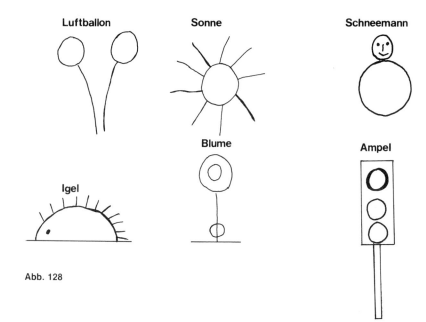

Luftballon **Sonne** **Schneemann**

Blume **Ampel**

Igel

Abb. 128

● Einübung des Quadrates:

Beginnen Sie wieder mit großräumigen Übungen und kommen Sie schrittweise zu den gezielten feinen Malbewegungen auf dem Papier.

● Lassen Sie das Kind ein auf dem Boden gelegtes oder gemaltes Quadrat nachgehen (dabei bewußt auf die Drehung an der Ecke achten (Abb. 129)).

Abb. 129

- — die Ecken des Quadrates zählen.

- — ein Quadrat mit einem Spielzeugauto nachfahren.

- — ein Quadrat durch Tasten erfassen, indem es dem Kind in die Hand oder auf den Rücken gemalt wird.

- — das Quadrat auf einer Schablone aus Pappe oder Sperrholz mit dem Stift nachfahren.

- — selbst ein Quadrat malen. Achten Sie dabei auf immer gleiche Strichführung und unterstützen Sie den Malvorgang durch Worte wie hoch — geradeaus, abwärts — geradeaus. Beginnen Sie in der linken unteren Ecke (vgl. Abb. 130).

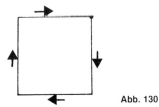

Abb. 130

- — einQuadrat ausmalen.

- — ein Quadrat aus Steckern herstellen.

- — ein Quadrat des Materials „Logische Blöcke" umranden, ausmalen und ausschneiden.

- — ein quadratisches Faltpapier aufkleben und daraus ein Deckchen herstellen, indem Fransen daran gemalt werden (Abb. 131).

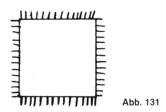

Abb. 131

- — um das aufgeklebte Faltpapier eine dicke Linie ziehen.

- Aus den erlernten Formenelementen können kleine Bilder gemalt werden (Abb. 132).

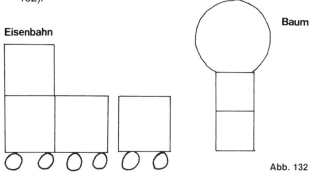

Eisenbahn

Baum

Abb. 132

● Einübung des Dreiecks:

Beginnen Sie mit grobmotorischen Übungen und kommen Sie schrittweise zu den gezielten feinen Malbewegungen auf dem Papier.

● Lassen Sie das Kind ein auf dem Fußboden gekennzeichnetes Dreieck nachgehen und achten Sie auf die bewußte Drehung an den Ecken.

● — die Ecken zählen.

● — das Dreieck mit einem Spielzeug nachfahren.

● — das Dreieck mit dem Finger beschreiben, z. B. auf den Tisch, dem Rücken des Erwachsenen.

● — in der Rille eines Dreiecks auf einer Schablone aus Pappe oder Sperrholz mit dem Stift entlangfahren.

● — selbst ein Dreieck malen (Abb. 133). Achten Sie dabei auf immer gleiche Strichführung und unterstützen Sie dabei den Malvorgang mit den Worten bergauf — bergab — geradeaus (vgl. Abb. 134). Beginnen Sie in der linken unteren Ecke.

Abb. 133   Abb. 134

● — ein Dreieck ausmalen.

● — ein Dreieck aus Steckern herstellen.

● — aus Faltpapier ein Haus mit Dach, ein Kopftuch, ein Schiff falten (Grundform Dreieck).

● — ein Dreieck aus Faltpapier dick umranden.

● — ein Dreieck des Materials „Logische Blocke" umranden, ausmalen und ausschneiden.

149

● Mit den erlernten Grundformen können wieder kleine Bilder gelegt und dann gemalt werden (Abb. 135).

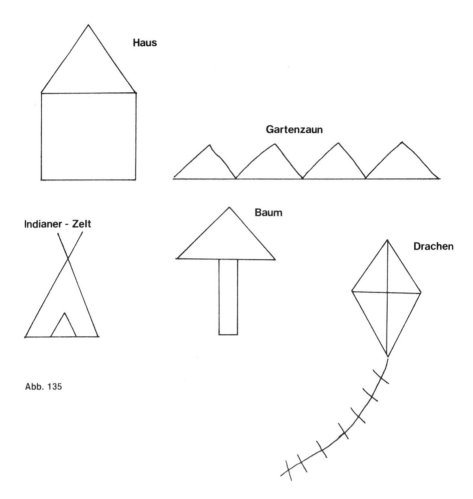

Abb. 135

● Wenn das Kind sicher mit dem Stift umgehen kann, können Sie dem ca. 4jährigen Kind Malhefte zum Ausmalen geben. Die Bilder sollten nicht so viele Einzelheiten aufweisen. Wichtig ist der übende Umgang mit dem Stift. Es malt zunächst über den Rand des auszumalenden Bildes. Allmählich gelingt die Steuerung des Stiftes besser, und es müht sich, das Bild genau auszumalen.

● Beidhändiges Malen:

Beginnen Sie mit dem beidhändigen Malen in der Luft. Das Kind führt die Hände vor dem Körper zusammen und „malt" mit beiden Händen nach außen Kreise in die Luft. Lassen Sie diese Kreisbewegung vom Kind stehend mit offenen und geschlossenen Augen ausführen. Dann malt es sie mit dem Finger auf den Tisch oder die Tafel. Anschließend folgt die Übertragung auf großes Papier, auf eine Tapetenrolle oder mit Kreide an die Wandtafel (Abb. 136). Die Kreise können vom Erwachsenen zu einer Brille, zu Wagenrädern oder einer Sonne vervollständigt werden, damit die Übung aufgelockert wird.

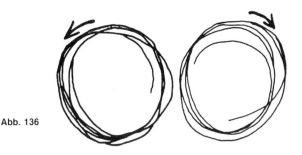

Abb. 136

● Regen malen:

Verbinden Sie damit ein „Regenspiel" und bringen Sie den Malvorgang etwa in folgender Weise an das Kind heran:

Auf den unteren Rand der Tafel oder des Papiers malen Sie ein paar Blumen, einen Baum oder einen kleinen Jungen/Mädchen und sagen etwa: „Nun wollen wir es einmal regnen lassen, damit die Blumen und der Baum trinken können." Die Übung sollte als Regenspiel bewußt dramatisch gestaltet werden. „Es regnet, es regnet immer mehr und noch mehr . . . alles wird naß, der Baum, die Blume, die Kinder." Dann können Sie sich prustend schütteln und rufen: „Nun bin ich auch noch naß!" Das Kind wird seinen Spaß daran haben und es mehr und mehr regnen lassen (Abb. 137).

● Zeichnen Sie eine Dusche, und das Kind malt das daraus fließende Wasser (Abb. 138).

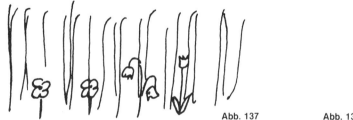

Abb. 137   Abb. 138

● Das Kind malt beidhändig Bäume und Blumen (Abb. 139). Es kann erforderlich sein, daß Sie sich z. B. an der Tafel hinter das Kind stellen und zu Beginn die Hände führen.

Abb. 139

Abb. 139a

Methodische Hinweise

Stellen Sie dem Kind Papier und Malstifte zur Verfügung. Es soll einfach aus eigenem Impuls malen, ganz ohne Hinweise und Korrekturen. Am günstigsten ist es, Papier, Stifte oder Malfarben jederzeit griffbereit für das Kind liegen zu haben. So kann es, wann immer es das Bedürfnis hat, malen und zeichnen. Meistens fangen die Kinder von selbst an, irgendwelche Formen zu malen. Angeregt durch das, was sie momentan beschäftigt, bekommen diese Formen Namen, d. h., sie sollen etwas Bestimmtes darstellen, auch wenn vorerst noch wenig Ähnlichkeit vorhanden ist.

Merken Sie, daß das Kind keine Freude am Malen hat und aus eigenem Antrieb nicht malt, bieten Sie behutsam die aufgeführten Lernsituationen an.

Die Aufgaben wurden aus der Vielfalt der Möglichkeiten ausgewählt und sind als Anregung zu verstehen, die weiteren, eigenen Erfindungen breiten Raum lassen.

Sehr wichtig bei allem Malen ist es, dem Kind Zuwendung, Anerkennung und Bestätigung als Hilfe zu geben.

Sprechen Sie mit Ihrem Kind über sein Bild, lassen Sie es erzählen und freuen Sie sich über sein Werk. Hin und wieder kann es bei entmutigten Kindern notwendig sein, sie durch Mitüben zu motivieren.

Das kleine Kind ist noch kein Künstler. Verlangen Sie von ihm daher keine Kunstwerke. Auch sollten Sie mit dem ständigen Fragen „Was ist das?" vorsichtig umgehen. Oft malen Kinder nur aus Freude an der Farbe oder am Gestalten. Sie legen nicht unbedingt einen Sinn in ihre Bilder. Versuchen Sie auch nicht immer wieder, dem Kind Ihr perfektes Männchen oder Häuschen vorzuzeichnen. Malen soll Spaß machen, sonst ist es kein Malen mehr.

Als Malunterlagen geben Sie dem Kind zuerst große Flächen von Papier. Helles Packpapier oder Tapetenrollen sind dazu geeignet. Sollten Sie ihm schon einen Zeichenblock geben wollen, dann nicht unter Format DIN A 3. Ein postkartengroßes Papier ist kein Raum, auf dem sich Kinder entfalten können. Die Hand des kleinen Kindes bewegt sich gern in großen Schwüngen, die man nicht einengen sollte.

Womit zeichnen und malen?

Filzstifte sind heute am beliebtesten. Beim Kauf sollten Sie darauf achten, daß die Stifte eine klare Spur ziehen und weich malen. Es gibt für das Kleinkind gut greifbare Filzstifte mit dicker Malspitze. Die breitmalenden Filzstifte sind für großzügiges Flächenmalen, Filzstifte mit feinerer Spitze für genaueres Malen geeignet. Für ein Vorschulkind reicht eine Packung mit ca. 6 Farben.

Wachsmalstifte gibt es auch in sehr schönen, leuchtenden Farben. Für die Hand des Kleinkindes sind Wachsmalstifte als „Malbirnen" oder als kleine Wachsmalblöcke, sogenannte „Pfötchenkreiden" zu bekommen. Sie brechen nicht so leicht durch, lassen sich gut greifen, und die Spitzen drücken sich nicht ins Papier.

Für größere Kinder gibt es die Wachskreiden in Stiftform. Der Stift ist härter, läßt sich anspitzen und kann auch für feinere Zeichnungen genommen werden.

Für eine Tafel sollte weiße und bunte **Tafelkreide** zur Verfügung stehen. Tafelkreide kann auch zum Malen auf rauhem Papier benutzt werden (z. B. Tapetenrollen). Ein Vorzug der Kreide: sie ist sehr billig.

Buntstifte sind nicht so farbkräftig. Sie brechen leicht ab und sind daher bei Kindern weniger beliebt. Für genaues Ausmalen und für feinere Farbabstufungen eines Bildes sollten Sie dem 5- bis 6jährigen Kind angeboten werden, damit es lernt, mit ihnen umzugehen. Achten Sie auf Markenqualität beim Kauf.

Kleinere, aber auch größere Kinder malen gerne mit Fingern, und es ist ein besonderes Vergnügen, die Farben voll zu genießen. **Fingerfarben** gibt es fertig zu kaufen. Sie können aber auch aus Tapetenkleister und Farbpulver (in Drogerien erhältlich) selbst hergestellt werden.

Wenn ein Kind sicher mit Farbstiften umgehen kann, sollten ihm **Pinsel** und **Wasserfarbe** angeboten werden. Vorher nicht! Der Borstenpinsel sollte die Stärke 10—14 haben. Dünne Pinsel sind dem Schulkind vorbehalten. Vorschulfarbkästen haben ca. 6 Farben (rot, blau, gelb, grün, braun, schwarz). Die Farbnäpfe sind größer als in anderen Deckfarbenkästen und der Abstand der einzelnen Farben weiter entfernt, so daß das ungeübte Kind nicht schon bei der Farbaufnahme die Nachbarfarbe verschmiert. Der Malkasten mit weniger Farben fordert das Kind zu eigenen Farbentdeckungen und kreativem Farbenmischen auf.

Hinweise für behinderte Kinder

Malen und Schreiben entwickelt sich bei einem gesunden Kind fast von alleine und bedarf nur geringer Anstöße der Förderung durch den Erwachsenen. Anders verhält es sich bei bewegungs- und wahrnehmungsgestörten oder geistig behinderten Kindern. Durch Mißerfolge sind sie oft entmutigt und müssen behutsam wieder zur Freude am Malen hingeführt werden.

Manchmal wird es notwendig sein, die Hand zu führen, damit das Kind zu sichtbaren Erfolgen kommt. Bei hirngeschädigten Kindern muß auf die gestörte Bewegungsentwicklung in besonderer Weise Rücksicht genommen werden.

Die aufgeführten Übungen sollen gerade Kindern, die beim Malen Probleme haben, helfen, diese durch ein gezieltes Training zu überwinden.

Wenn starke Verkrampfungen in den Händen auftreten, sollten die Malübungen durch Kneten, Falten, Reißen, Kleben, durch Spielen auf dem Kinderklavier oder „Tippen" auf der Schreibmaschine unterbrochen werden.

Erweiterung der Lernsituationen durch Spielmaterial

	Hersteller
„Schreibepeter"	
v. M. Schweda/B. Johnson	Sellier
„Spiel und Bewegung I"	Widmaier
„Spiel und Bewegung II"	Widmaier
„auf und ab und kugelrund"	
v. A. Peter/B. Longwitz	Herder
„Mal die Ente an"	
v. W. Seyd	Neckar
„Heute mal ich, morgen schreib ich"	
v. Tschinkel	Jugend und Volk
Malen — Kleben — Denken	Carlsen
Malen und Lernen	Reha

Material   *einfache Kleidungsstücke, z. B. Hemd, Strümpfe, Hose, Schuhe*

3.9. *Förderschwerpunkt:* Selbständigkeit beim An- und Ausziehen

Was heißt das?

Alltägliche Handgriffe, wie z. B. beim An- und Auskleiden, geschehen unbewußt so schnell, daß die einzelnen Bewegungsfolgen sich nicht voneinander abheben, sondern fließend ineinander übergehen und vom Kind oft nur schwer beobachtet und nachgeahmt werden können. Die nachfolgenden Lernsituationen sollen die einzelnen Bewegungsabläufe nacheinander aufgreifen. Um zum An- und Ausziehen hinzuführen, sollte ein Kind Nachahmungsbereitschaft zeigen und die bewegungsmäßigen Voraussetzungen erfüllen. Das Ausziehen einer Jacke wird etwa ab dem 4. Lebensjahr geschafft.

Lernsituationen

● Ausziehen der Strümpfe:

Beginnen Sie mit dem Ausziehen der Strümpfe, da dieses leichter geht als das Anziehen. Am besten ist es, Sie setzen sich mit Ihrem Kind auf den Boden. Die Schuhe des Kindes haben Sie vorher ausgezogen, und nun kommen die Strümpfe dran. Zeigen Sie an mehreren Tagen beim Ausziehen der Strümpfe, wie Sie den Daumen in den Strumpfrand stecken, den Strumpf bis zum Knöchel herunterschieben und so den Socken abstreifen. Achten Sie darauf, daß es aufmerksam beobachtet, was Sie tun. Dann schieben Sie den linken Strumpf bis unterhalb des Knöchels, führen den rechten Daumen des Kindes in den Strumpfrand und lassen den Strumpf über die Fersen heben, an der Spitze anfassen und abstreifen (Abb. 140). Das gleiche geschieht mit dem rechten Strumpf.

Abb. 140

155

Beim nächsten Mal schiebt das Kind mit dem Daumen selbst den Strumpf nach unten, hebt ihn noch mit Hilfe — wie beschrieben — über die Ferse und nimmt ihn ab. Dieses „Spiel" wird nun viele Male geübt. Langsam lassen Sie nun Ihre Hilfe weg.

● Strümpfe anziehen:

Klappt das Ausziehen der Strümpfe, kann mit dem Anziehen begonnen werden. Das Kind soll lernen, den Strumpf mit beiden Händen zu fassen und über den Fuß zu streifen. Beginnen Sie damit, daß Sie den Strumpf bis zum Knöchel anziehen, und bitten Sie das Kind, den Strumpf mit beiden Händen am Rand anzufassen und hochzuziehen. Hat es diesen Lernvorgang verstanden, ziehen Sie ihm die Strümpfe über die Zehen bis zum Spann, nehmen seine Hände und legen sie an den Strumpfrand und fordern es wieder auf, die Strümpfe hochzuziehen.

Nach mehreren Tagen wird das Kind darin geübt sein. Nun können Sie ihm die Strümpfe so hinhalten, daß es mit dem Fuß in den Strumpf hineinschlüpfen kann.

Der nächste Lernschritt besteht darin, daß das Kind den Strumpf vor dem Anziehen so hält, daß die Fußspitze nach vorne zeigt. Nehmen Sie sich Zeit und warten Sie, bis es ihn richtig in der Hand hält, um dann hineinzuschlüpfen.

● Ausziehen einer Jacke:

Eine Jacke oder einen Mantel auszuziehen, ist eine fast täglich zu verrichtende Handlung. Bevor Sie das Kind zum selbständigen Ausziehen anleiten, sollte es mit dem Aufhängen einer Jacke auf einen für das Kind erreichbaren Garderobehaken vertraut sein.

Wenn es dann beim Ausziehen durch entsprechende Armbewegungen mithilft, greifen Sie diese Mithilfe auf und zeigen ihm den Weg bis zum selbständigen Ausziehen.

Beginnen Sie damit, daß Sie zunächst die Jacke noch aufknöpfen. Das Knöpfen erfordert gezielte Fingerbewegungen und eine gute Zusammenarbeit zwischen Auge und Hand, was meist erst später geschafft wird.

Sollten die Jacke oder der Mantel aber mit einem Reißverschluß versehen sein, so zieht das Kind diesen meist gern selber auf. Dann streifen Sie die Jacke vom rechten Arm ab. Führen Sie die rechte Hand des Kindes zum linken Ärmel. Lassen Sie diesen anfassen und die Jacke vom Arm streifen. Meist fällt sie dann auf den Boden. Das Kind nimmt sie auf und hängt sie an den Garderobenhaken. Diesen Vorgang führen Sie mehrere Tage durch.

Gelingt das einfache Abstreifen eines Ärmels der Jacke, so knöpfen Sie nach dem nächsten Spaziergang die Jacke auf. Bitten Sie das Kind wieder, mit der rechten Hand den linken Jackenärmel anzufassen und abzustreifen (alter Lernvorgang). Die Jacke hängt so auf dem Oberarm der rechten Schulter.

Geben Sie nun die Aufforderung, mit der linken Hand an den rechten Ärmel zu fassen und diesen abzustreifen. Üben Sie das Abstreifen des Ärmels, bis das selbständige Ausziehen gelingt. Achten Sie darauf, daß das Kind dann seinen Mantel, seine Jacke oder seinen Anorak auch jedesmal alleine auszieht.

● Anziehen einer Jacke:

Halten Sie die Innenseite der Jacke in Augenhöhe vor das Kind und bitten Sie es, die Jacke anzuziehen. Nehmen Sie den rechten Arm des Kindes und lassen Sie diesen in den rechten Jackenärmel schieben.

Ziehen Sie ihm dann die Jacke über die Schulter und halten Sie sie so, daß das Kind in den linken Ärmel hineinschlüpfen kann.

Diese einzelnen Schritte sollen vom Kind nacheinander ohne Ihre Hilfe durchgeführt werden.

Reichen Sie ihm die Jacke. Motivieren Sie es, den rechten Arm — oft schon ausgeführt — in den rechten Ärmel zu schieben und ihn mit der linken Hand bis zur Schulter hochzuziehen, so daß die rechte Hand wieder zu sehen ist.

Dieses sollte lange Zeit bei jedem Anziehen geübt werden. Dann kann das wesentlich schwerere Hineinschlüpfen in den linken Ärmel gelernt werden. Sie führen, nachdem der rechte Ärmel angezogen ist, den linken Arm so, daß er (ohne Gewaltanwendung!) leicht angewinkelt auf dem Rücken des Kindes liegt. Er wird nun etwas seitlich abgestreckt in das linke Ärmelloch hineingesteckt und durchgeschoben. Anschließend wird die Jacke so zurechtgerückt, daß sie richtig sitzt.

Das Zuknöpfen oder den Reißverschluß einhaken und hochziehen wird zu diesem Zeitpunkt noch durch den Erwachsenen gemacht, bis auch dieser Lernvorgang erarbeitet wurde.

Methodische Hinweise

Beim An- und Ausziehen kommt es darauf an, daß Sie dem Kind bestimmte Griffe und Bewegungen zeigen. Da ein Kind in diesem Alter rechts und links noch nicht unterscheiden kann, muß es immer genau beobachten können.

Wenn die Selbständigkeit im An- und Ausziehen erreicht ist, verzichten Sie auf die genaue Einhaltung der Lernschritte. Die kleinen Abwandlungen, die sich ergeben, sind belanglos, wichtig ist das Ziel.

Bei vielen Kindern wird es nicht erforderlich sein, einzelne Schritte mehrmals zu üben. Sie kennen Ihr Kind und wissen, wie Sie die Lernsituation unterteilen müssen.

Begleiten Sie mit einfach verständlichen Worten Ihre Aufforderungen. Achten Sie darauf, daß das Kind die gelernten Fähigkeiten immer selbständig ausführt. Geben Sie ihm genügend Zeit! Zu Beginn dauert das „Alleine-Anziehen" länger. Loben Sie viel! Helfen Sie nur dort, wo es notwendig ist.

Hinweise für behinderte Kinder

An- und Ausziehen beginnt bei der Auswahl der Kleidung. Sie muß nicht nur schön aussehen, sondern soll auch praktisch sein. Achten Sie schon beim Kauf auf die Verschlüsse. Ein Reißverschluß an der Jacke läßt sich leichter bedienen als Knöpfe. Manchmal sind kleine Veränderungen nötig, damit das An- und Ausziehen erleichtert wird.

Wenn es alleine bewältigt werden soll, legen Sie am Anfang die Kleider so hin, daß das Kind sehen kann, in welcher Reihenfolge sie angezogen werden müssen. Es ist nicht ratsam, ein größeres Kind auf dem Wickeltisch anzuziehen. Am besten setzen Sie sich mit ihm auf den Boden, wenn Sie das Anziehprogramm beginnen. Setzen Sie sich hinter das Kind und führen Sie seine Arme und Hände mit Ihren Händen.

Falls Ihr Kind mit dem Anziehen der Strümpfe große Probleme hat, versuchen Sie es einmal mit größeren Strümpfen, die sich leichter herauf- und herunterschieben lassen.

Bei geistig behinderten Kindern kann es erforderlich sein, einzelne Teilabschnitte der Lernsituationen viele, viele Male einzutrainieren, bis es nachvollzogen werden kann. Dieses Selbständigkeitstraining ist zunächst sehr zeitraubend, aber Ihr Kind wird es im Kindergarten, in der Schule oder später in der Werkstatt viel leichter haben, wenn es sich selbst an- und ausziehen kann.

Bei schwer bewegungsgestörten Kindern werden manche Bewegungsabläufe gar nicht möglich sein. Die Selbständigkeit beim An- und Ausziehen kann dann so aussehen, daß nur einzelne Teilabschnitte ausgeführt werden. Beobachten Sie, was Ihr Kind kann oder fragen Sie einen Fachmann. Überfordern Sie das Kind nicht, aber unterfordern Sie es auch nicht.

Eine Unterforderung durch zu vieles Helfen kann sich ungünstig auf das Selbstvertrauen des Kindes auswirken.

Erweiterung der Lernsituationen durch Spielmaterial

	Hersteller
Große Puppen zum An- und Ausziehen	versch. Hersteller

Material   *Pinzetten, Wäscheklammern in den Grundfarben, Schere, Schuhkarton und Pappe, Farbwürfel, Käseschachtel, kleine Spieltiere, Knete, Spielfische, Muggelsteine, 4 Dosen in den Grundfarben, Briefkarten, Kordel, Kinderschere, versch. Papiere, Bastelhalme, Perlen*

3.10. *Förderschwerpunkt:* Umgang mit der Schere

Was heißt das?

Das Schneiden mit der Schere erfordert eine recht komplizierte Anpassungsbewegung der ganzen Hand, wobei besonders der Daumen durch intensives Abspreizen und Zudrücken in Tätigkeit tritt. Wenn wir einem Kind eine Schere in die Hand geben, sollte genügend Fingerbeweglichkeit, ausreichendes Zusammenspiel von Auge und Hand, sowie eine gewisse Übung im Umgang mit Werkzeugen gegeben sein, d. h. Tätigkeiten, die mittels eines Gegenstandes ausgeführt werden (Umgang mit Löffel, Zahnbürste, Holzhämmerchen, Zange).

Lernsituationen

● Vorübungen:

Als Vortraining für den Umgang mit der Schere ist das Spielen mit Wäscheklammern gut geeignet. Bieten Sie dem Kind einen beklebten, runden Pappdeckel an und zeigen Sie ihm, wie Sie die Klammern strahlenförmig daraufstecken. Das fertige Produkt kann als Sonne oder als Untersetzer angesehen werden (vgl. Kap. „Pinzettengriff).

● Lassen Sie einen kleinen „Käfig" bauen. Das Kind steckt Wäscheklammern senkrecht auf den Rand einer kleinen Dose oder Käseschachtel. Zum Schluß wird ein kleines Spieltier (Elefant, Giraffe, Affe, Hund) hineingesetzt (vgl. Kapitel „Pinzettengriff").

● Die Wäscheklammern können auch ein Krokodil darstellen, das großen Hunger hat und etwas zu essen möchte. Durch Zusammendrücken der Wäscheklammer macht das Krokodil sein Maul auf und bekommt einen großen Happen zu essen. Das ist ein Papierschnipsel (vgl. Kap. „Pinzettengriff").

● Führen Sie ein Farbenspiel mit Wäscheklammern durch. Jeder Mitspieler erhält 8 Wäscheklammern, je 2 in den Farben rot — blau — gelb — grün. Die Klammern stellen Fahrgäste dar. Sie benötigen noch einen Bus. Dazu nehmen Sie einen Schuhkarton, versehen diesen mit 4 Pappunterteilungen, schneiden bunte Pappräder aus und kleben diese unten an. Mit einem Farbwürfel wird reihum gewürfelt. Die Klammer mit der gewürfelten Farbe darf „einsteigen". Ist von einer Farbe keine Klammer mehr da, wird der Würfel weitergegeben. Gewonnen hat derjenige, dessen Fahrgäste (Klammern) zuerst im Bus sitzen, bzw. aufgesteckt sind.

● Bevor Sie einem Kind die Schere in die Hand geben, sollten analog dazu ähnlich funktionierende Werkzeuge eingesetzt werden, die aber noch leichter zu handhaben sind.

Mit einer Eiszange können Wattebällchen oder Nüsse in einen Behälter gelegt werden (Abb. 141),

- kleine, aus Knete hergestellte Kartoffeln oder Bälle in ein Körbchen gezählt werden,
- Spielfische, z. B. vom Angelspiel, aus einem kleinen „Wasserbehälter" geangelt werden,
- bunte Lego- oder Muggelsteine in gleichfarbige Dosen sortiert werden.

Wie die Eiszange, kann auch eine Kuchen-, Würstchen- oder Zuckerzange genommen werden. Die Grifflächen der Eiszange sind relativ breit.

Abb. 141

● Ist das Kind im Umgang mit der Eiszange sicher, können Sie die in der vorangegangenen Übung aufgeführten Materialien mit einer Zuckerzange oder Pinzette aufnehmen lassen.

● Gerne spielen Kinder Eisenbahnfahren, wollen Lokführer oder Zugschaffner sein. Im Rollenspielset ist meist eine Spielschaffnerzange und Fahrkarten zum Lochen.

● Mit einer Spiel-Schaffnerzange können Sie Briefkarten am Rande lochen lassen und anschließend mit Kordel umstechen (vgl. Kap. „Zielkontrolle und Zielanpassung").

● Einsatz der Schere:
Benutzen Sie zunächst eine 10 cm lange runde Schere für Links- bzw. Rechtshänder. Später, wenn das Kind im Schneiden geübt ist, verwenden Sie spitze Scheren, damit es genau verfolgen kann, wo es schneidet. Zunächst sollte das einfache Durchschneiden gezeigt werden.

160

Im Gegensatz zu Papier eignet sich Knete oder Ton für den Anfang besonders gut, denn diese Materialien können in jede beliebige Richtung geschnitten werden. Stellen Sie eine kleine „Wurst" aus Knete her und lassen Sie davon viele kleine Scheiben schneiden.

● Hängen Sie Luftschlangen über eine gespannte Leine und lassen Sie diese bunten Streifen abschnipseln.

● Es können aus Buntpapieren ganz nach Lust und Laune kleine Papierschnipsel geschnitten werden.

● Bieten Sie schmale, 1 cm breite und ca. 20 cm lange Papierstreifen aus Tonpapier zum Durchschneiden an.

● Lassen Sie Flechtpapierstreifen in kleine Stücke zerschneiden. Die praktische Verwendung der abgeschnittenen Stücke ist zur Erhaltung der Motivation beim erneuten Schneiden wichtig. Die Papierschnipsel können als Laub an einen gemalten Baum geklebt werden. Es kann ein Haus, ein Tier, eine Wiese aufgemalt und mit den Papierstücken ausgestaltet werden.

● Bastel- und Strohhalme werden in 3—4 cm lange Stücke zerschnitten. Diese werden dann zusammen mit bunten Perlen zu Ketten aufgefädelt.

● Ein quadratisches Faltpapier können Sie zu einem Dreieck falten und an der geknickten Linie entlang durchschneiden lassen. Es entstehen zwei Dreiecke, die mit einem anderen quadratischen Faltpapier zu einem Haus aufgeklebt werden können. Durch ein paar einfache Linien mit Buntstiften kann diese Klebe- und Schneidearbeit zu einem schönen Bild gestaltet werden.

● Aus gefaltetem Papier (ca. 20x20 cm) wird ein einfaches Musterdeckchen hergestellt. Beispiel eines Faltvorganges (Abb. 142):

Abb. 142

Aus dem kleingefalteten, quadratischen Papier werden nun Ecken herausgeschnitten. Bei diesem Schneidevorgang muß das Papier schon so gehalten werden, daß der Schnitt schräg erfolgt.

Nehmen Sie ein rechteckiges Stück Tonpapier (in Papierwarengeschäften erhältlich) in der Größe 8x20 cm. Falten Sie dieses länglich (Abb. 143). Die geknickte Seite wird zur Hälfte eingeschnitten (Abb. 144), anschließend wieder aufgefaltet und an den Enden zusammengeklebt. Das Produkt ist eine kleine Ampel, die sehr schön leuchtet, wenn ein Teelicht hineingestellt wird.

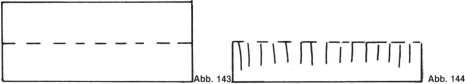

Abb. 143 Abb. 144

● Um Übung im Umgang mit der Schere zu erhalten, geben Sie dem Kind Kataloge und ausrangierte Malbücher zum Ausschneiden. Es kommt noch nicht auf große Genauigkeit beim Schneiden an. Grobe Umrisse genügen in dieser Lernstufe (Abb. 145).

Abb. 145

● Das Schneiden von krummen oder winkeligen Linien stellt eine neue Schwierigkeit dar, da das Papier gleichmäßig während des Schneidens weitergedreht werden muß. Beginnen Sie mit kurzen, kreisförmigen Linien, die Sie dem Kind dick auf dem Papier vorzeichnen. Zunächst sollte es ein Halbkreis sein, da der Rand des Blattes (Kreisdurchmesser) noch als Gerade dient (Abb. 146).

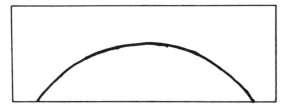

Abb. 146

● Zeichnen Sie Kreise, Dreiecke und Quadrate auf und lassen Sie diese ausschneiden.

● Im Schneiden geübte Kinder können aus Buntpapier einfache Bilder fertigen, bei denen alle Motive ausgeschnitten sind.

● Im Vorschulalter kann das Ausschneiden mit einem gewünschten Lernziel verbunden werden, z. B. Oberbegriffsbildung, Mengenerfassung, Sachthemen.

162

Methodische Hinweise

Die Scheren sollten vor dem Gebrauch sorgfältig geprüft werden, damit sie richtig funktionieren und nicht zu schwer schneiden. Das Kind soll die Schere so nehmen, daß der Daumen in das obere Loch kommt, der Mittelfinger in das untere; der Zeigefinger wird als Führung benutzt.

Zu Beginn der Übung soll die Schere immer nur in Gegenwart eines Erwachsenen angeboten werden, bis Sie sicher sind, daß das Kind sachgemäß damit umgehen kann.

Beim ersten Schneiden wird es erforderlich sein, daß der Erwachsene dem Kind das Papier hält. Zunächst ist das Schneiden mit der Schere nur ein Durchschneiden. Allmählich wird auch das mehrmalige Schneiden, z. B. entlang einer Faltlinie oder einem dicken Strich probiert.

Je sicherer die Handhabung der Schere geht, umso mehr wird das Kind mit seiner zweiten Hand das Papier halten, wodurch das Schneiden für das Kind zu einem beidhändigen Vorgang wird.

Hinweise für behinderte Kinder

Beim Schereschneiden ist eine gute optische Kontrolle erforderlich. Kinder mit eingeschränktem Sehvermögen werden in dieser Lernphase auch Probleme haben. Viel Geduld, aufmerksame Hilfestellung und deutlich markierte Linien, an denen entlanggeschnitten werden soll, sind erforderlich.

Um die komplizierte Schneidebewegung einzuüben, kann es bei bewegungsgestörten Kindern notwendig sein, daß die Mutter die Hand des Kindes beim Öffnen und Schließen der Schere mitführt. Geben Sie langsam weniger Hilfe.

Bei manchen Kindern kann auch die Spezialschere mit vier „Ohren" eine Hilfe sein.

Material *Strickjacke oder Bademantel mit großen Knöpfen, 2 verschiedenfarbige Bänder (ca. 50 cm lang), Übungsrahmen mit Bändern, Schnürschuhe*

3.11. *Förderschwerpunkt:* Knöpfen — Knoten — Schleife binden

Was heißt das?

Mit ca. 3 Jahren hat das Kind den ausgeprägten Wunsch, alles alleine tun zu wollen. Dazu gehört das An- und Ausziehen (vgl. Kap. „Selbständigkeit beim An- und Ausziehen").

Es treten dabei aber gewisse Schwierigkeiten auf, wenn geknöpft werden soll, wenn Druckknöpfe oder Haken geschlossen, ein Knoten oder eine Schleife gebunden werden sollen. Dieses sind alles Fertigkeiten, die ein gutes Zusammenspiel von Hand- und Auge voraussetzen.

Etwa mit fünf Jahren sollte ein Kind einen Knoten und mit 5 ½ Jahren eine Schleife binden können. Manche lernen aber das Schleifenbinden erst nach der Einschulung.

Lernsituationen

● Knöpfen:

Um das Knöpfen zu erlernen, sollten große Knöpfe und weiches Material mit leichtgängigen Knopflöchern genommen werden. Eine Strickjacke oder der Bademantel des Kindes sind in der Regel dazu geeignet. Während das Kind Ihnen zuschaut, zeigen Sie, wie Sie die Knöpfe durch den Schlitz stecken. Es wird nicht lange dauern, und schon möchte es dies selbst ausprobieren.

Zum Lernen ist es am besten, wenn das Übungsstück vor dem Kind auf dem Tisch (Abb. 147) oder dem Boden liegt. Später kann es an der angezogenen Jacke oder Hose versucht werden.

Abb. 147

164

Beginnen Sie mit dem Aufknöpfen. Zeigen Sie dem Kind, wie es die Knöpfe durch das Knopfloch schieben muß. Dieses geht relativ einfach.

Dann zeigen Sie das Zuknöpfen. Beginnen Sie so, daß der Knopf mit der rechten Hand gefaßt wird. Die linke Hand hält die Knopfleiste. Führen Sie das Knopfloch mit dem linken Daumen und Zeigefinger an den Knopf heran. Mit dem Daumen und Zeigefinger der rechten Hand schieben Sie den Knopf durch den Schlitz. Die linke Hand läßt den Stoff los, faßt den Knopf und zieht ihn durch das Knopfloch. Nun kommen die nächsten Knöpfe in der gleichen Abfolge der Schritte dran.

Der Griffwechsel bereitet meist Schwierigkeiten. Helfen Sie, bis die Handlung ganz verstanden wurde. Dann nehmen Sie alle Gelegenheiten zum Knöpfen wahr. Auch an der eigenen Kleidung kann sehr bald ausprobiert werden.

● Knoten binden:
Bevor Kinder ihre eigenen Kleidungsstücke zuknoten, können sie diese Fähigkeit im Puppenspiel lernen.

Nehmen Sie zwei verschiedenfarbige, ca. 50 cm lange Schuhbänder, z. B. in den Farben rot und blau. Binden Sie diese beiden Bänder an einem Ende zusammen. Der Teddy oder die Lieblingspuppe soll dieses Band um den Bauch oder um den Hals gebunden bekommen.

Setzen Sie sich dazu auf den Boden, rechts an die Seite des Kindes oder gemeinsam an einen Kindertisch. Achten Sie darauf, daß Sie den Knoten von der gleichen Blickrichtung des Kindes aus binden und zeigen. Legen Sie das Band um den Hals der Puppe. Ordnen Sie die Bänder. Rechts liegt das rote Band, links das blaue Band parallel nebeneinander. Der Handlungsablauf des Knotenbindens geschieht in vier Etagen:

1. Das blaue Band wird leicht geknickt über das rote Band gelegt, so daß ein Tor entsteht.

2. Das blaue Band liegt über dem roten Band und wird unter das rote Band durch das Tor gesteckt.

3. Das blaue Band wird mit der rechten Hand ganz durch das Tor hindurchgezogen.

4. Beide Bänder werden mit den Händen angefaßt.

Die Teilschritte dieser Abfolge werden dem Kind in umgekehrter Reihenfolge nacheinander gelehrt. Binden Sie einen Knoten, ohne ihn ganz zu beenden:

1. Das Kind zieht das blaue Band, welches durch das Tor gesteckt wurde, ganz hindurch.

2. Das Kind nimmt das blaue Band, steckt es mit der rechten Hand durch das Tor hindurch, faßt beide Bänder und zieht den Knoten zusammen.

3. Das Kind legt das blaue Band über das rote Band, so daß ein Tor entsteht und führt die bisher schon gelernten Schritte durch.

Zunächst ist es günstig, wenn das Knoten nicht an der eigenen angezogenen Kleidung (z. B. Schuhe) geübt wird, da meist eine unbequeme Körperstellung dazu notwendig ist und die Kinder sehr rasch ermüden. Durch die Verwendung von Übungsmaterialien bekommt es ein Gefühl für die Aufgabe, bevor es die schwierige Arbeit an sich selbst ausführt. Die optische Kontrolle ist bei einem Übungs-stück einfacher.

● Gut eignen sich Holzrahmen mit Bändern nach dem Beispiel von MONTESSORI. Diese rechteckigen Rahmen in der Größe von ca. 20x30 cm können selbst herge-stellt oder gekauft werden. Das Üben an einem solchen Rahmen hat den Vorteil, daß das Kind jederzeit, wenn es möchte ausprobieren kann und mehrere Knoten unmittelbar nacheinander gebunden werden können (Abb. 148).

Abb. 148

● Ist das Knotenbinden am Übungsmaterial verstanden, holen Sie einen Schnür-schuh und stellen ihn vor dem Kind auf den Boden. An diesem Schuh sind die Bänder nicht mehr unterschiedlich, sondern einfarbig. Beobachten Sie, wie das Kind die Aufgabe schafft und geben Sie die erforderliche Hilfestellung. Stellen Sie zunächst den Schuh mit der Spitze zum Kind hin. Später drehen sie ihn um, damit die gleiche Ausgangsstellung besteht wie beim angezogenen Schuh.

● Schleife binden:
Erst, wenn der Knoten sicher geschafft wird, soll das Schleifebinden gelernt wer-den. Als Material nehmen Sie wieder zwei verschiedenfarbige, ca. 50 cm lange Schuhbänder in den Farben rot und blau (oder andere Farben). Der Teddy wird mit einer Schleife um den Hals geschmückt. Lassen Sie vom Kind den Knoten binden.

Der Handlungsablauf des Schleifebindens:

1. Legen Sie mit dem roten und blauen Band je eine Schlaufe.
2. Überkreuzen Sie die beiden Schlaufen, indem die linke Schlaufe oben liegt.

166

3. Schlingen Sie die linke Schlaufe um die rechte Schlaufe und führen Sie diese durch das kleine Tor.

4. Fassen Sie jede Schlaufe mit einer Hand und ziehen Sie die Schleife fest zusammen.

Die Teilschritte dieser Abfolge werden dem Kind in umgekehrter Reihenfolge nacheinander gezeigt.

1. Binden Sie einen Knoten und dann die Schleife, indem Sie zwei große Schlaufen legen und diese überkreuzen. Dann schlingen Sie die linke Schlaufe um die rechte Schlaufe und führen diese durch das Tor. Bitten Sie das Kind, mit Daumen und Zeigefinger jeder Hand eine Schlaufe anzufassen und diese fest zusammenzuziehen.

2. Binden Sie die Schleife bis zum Überkreuzen beider Schlaufen. Es entsteht ein Tor. Zeigen Sie dem Kind, wie es die linke Schlaufe um die rechte Schlaufe schlingt und durch das Tor führt. Lassen Sie jede Schlaufe anfassen und die Schleife fest zusammenziehen.

3. Geben Sie dem Kind die beiden Schlaufen, zeigen Sie ihm, wie es diese über Kreuz legen muß, um durch das so entstandene Tor die linke Schlaufe zu stecken und dann die Schleife ziehen zu können.

4. Zeigen Sie dem Kind, wie es die Schlaufen legen muß. Achen Sie darauf, daß es sie nicht zu weit entfernt vom Knoten formt.

Methodische Hinweise

Geben Sie dem Kind helfende Anstöße beim Üben, damit es nicht entmutigt wird. Zu Beginn der Übung sollte das Material immer vor dem Kind liegen. Den angezogenen Schuh zu knoten oder eine Schleife am Rock zubinden erfordert schon ein wenig Beherrschung der Aufgabe. Für alle neugelernten Fertigkeiten benötigt ein Kind Zeit. Planen Sie vor Terminen, z. B. der Abfahrt des Busses oder des Kindergartenbeginns genügend Zeit ein. Das Kind möchte selber tun, was es kann und ist enttäuscht, wenn es der Erwachsene aus Zeitgründen schnell selbst ausführt. Geschieht dieses öfter, wird es die Notwendigkeit des Selbertuns bald nicht mehr einsehen.

Manche Kinder sind bequem und lassen sich die Schleife binden, obwohl sie es können. Sie haben erfahren: Wenn ich ein bißchen trödle, kommt die Mutter und nimmt mir die „Arbeit" ab. Das, was Kinder gelernt haben, sollten sie auch anwenden und selber tun. Sie sind stolz auf ihre Erfolge. Verwenden Sie zur Erhöhung der Lernmotivation verschiedene Materialien, z. B. Turnschuhe, Schnürstiefel, für die Puppe Jacken zum Zubinden, und die Stofftiere werden alle mit einer Schleife geschmückt.

Hinweise für behinderte Kinder

Bei diesen Kindern wiederholen Sie die einzelnen Schritte häufig. Gehen Sie langsam vor und überfordern Sie Ihr Kind nicht. Bleiben Sie bei einem Material, bis der Vorgang verstanden wurde. Jedes neue Übungsstück erfordert ein Umdenken und eine Umstellung, die für behinderte Kinder erneute Anforderung darstellt. Wenn es an Motivation fehlt, helfen oft anreizende „Belohner", um zum Mitmachen zu bewegen. Wenn ein behindertes Kind die Schleife binden kann, hat es einen sichtbaren Lernerfolg. Für manche Kinder ist das Knotenbinden schon eine große Leistung. Das Schleifebinden liegt nicht mehr im Bereich ihres Könnens.

● Als Vorübung zum Knöpfen wird empfohlen, einen Schlitz in den Kunststoffdeckel einer Kaffeedose einzuschneiden. Nehmen Sie einen großen Knopf und
üben Sie das Durchstecken mit der einen und das Abholen des Knopfes mit der
anderen Hand. Für das erste Knöpfen sollte Lernmaterial mit großen Knöpfen
und großen Löchern hergestellt werden. Später eignet sich gut ein gesteppter
Hausmantel aus Nylon, weil daran die Knöpfe besonders leicht durch die Knopf-
löcher schlüpfen.

Erweiterung der Lernsituationen durch Spielmaterial

	Hersteller
„Fridolin" der Wunderdrache	Keller
MONTESSORI Übungsrahmen:	
Knöpfe/Schleifen	Nienhuis

Material   *Seifenblasen, Luftballon, Stöckchen, kleines Spielzeugauto, Ball, Hand-trommel, Tennisball, Sandsäckchen, Reifen, Tennisring, Fangtrichter, kleiner Schaumstoffball, Dreiecktuch, 2—3 Meter Band*

3.12. *Förderschwerpunkt:* Zielanpassung an bewegliche Ziele

Was heißt das?

Wenn das Treffen fester Ziele genügend beherrscht wird, soll das Kind spielerisch lernen, sich einem bewegten Ziel anzupassen. Dabei muß es seine Handlung nach der Bewegungsgeschwindigkeit und -richtung des Zielgegenstandes ausrichten. Dieses stellt für das Kind schon einen wesentlich höheren Schwierigkeitsgrad dar. Im Fangen und Werfen, beim Ballspiel wird dieser Anpassungsvorgang vielseitig geübt. Dadurch wird in wechselnden Situationen das Zusammenspiel von Auge und Hand verfeinert.

Lernsituationen

● Am Seifenblasenpusten haben fast alle Kinder Freude. Lassen Sie die fallenden Seifenblasen mit dem Finger berühren oder mit der Hand fangen.

● Ein fliegender Luftballon wird mit der Hand oder dem Zeigefinger immer wieder angetippt, damit er nicht zu Boden fällt.

● Das Kind nimmt ein Stöckchen oder einen Kochlöffel und schlägt den Ballon damit in die Luft.

Ballspiele:
● Das Kind wirft den Ball ein klein wenig hoch und versucht ihn zu fangen.

● Ballprellen im Gehen (Dribbeln). Der Ball wird einmal mit der rechten und dann mit der linken Hand auf den Boden geschlagen.

● Den Ball in Augenhöhe auf ein Ziel gegen die Wand werfen. Warten bis er einmal auf den Boden springt und ihn dann fangen. Der Abstand zur Wand ist zunächst gering und wird langsam auf 3—4 Meter erweitert.

● Jägerball:
Das Kind ist Jäger. Vater oder Mutter sind der Hase. Mit dem Ball soll der Hase getroffen werden. Laufen Sie in geringer Entfernung vor dem Kind her und weichen Sie in kleinen Kurven aus. Das Kind versucht Sie mit dem Ball zu treffen. Sind Sie abgeworfen, werden die Rollen vertauscht. Weiche Schaumstoffbälle sind für dieses Spiel am besten geeignet.

Jägerball ist allgemein als Gruppenspiel bekannt und sehr beliebt.

● Ballhaschen:

Mehrere Kinder oder die ganze Familie bilden um einen Mitspieler einen Kreis. Ein Ball wird kreuz und quer durch den Kreis gerollt. Der Spieler in der Mitte muß ständig versuchen, den Ball zu haschen oder wenigstens zu berühren. Wenn ihm das gelingt, darf er den Platz mit dem Spieler tauschen, der zuletzt den Ball gerollt hat.

● Auf ein vorbeifahrendes kleines Lastauto aus der Spielzeugkiste, versucht das Kind eine Kugel, einen Bauklotz, einen Knopf oder einen Legostein zu werfen.

● Eine Handtrommel wird gerollt und soll während des Rollens mit einem Tennisball getroffen werden.

● Mit der Handtrommel kann ein senkrecht hochgeworfener Tennisball getroffen werden. Die Handtrommel wird dabei waagrecht gehalten und so geführt, daß der Ball beim Herunterfallen auf das Trommelfell auftrifft.

● Lassen Sie durch einen rollenden Reifen ein Sandsäckchen oder einen Ball werfen.

● Ein Tischtennisball kann mit einem Fangtrichter mittels einer Schnappvorrichtung in die Luft befördert und wieder gefangen werden (im Kaufhaus oder Spielwarenfachgeschäft erhältlich).

● Es kann ein zugeworfener Tennisring mit der Hand oder dem Arm gefangen werden.

Abb. 149

Fangspiele

● Haschen:

Spielen Sie auf der Wiese oder in einem Raum mit möglichst wenig Hindernissen. Es fällt den kleineren Kindern zunächst noch schwer, im Laufen die Gegenstände rechtzeitig zu erkennen und auszuweichen.

Laufen Sie rückwärts vor dem Kind her. Halten Sie zum Abschlagen eine Hand nach vorn und rufen Sie dem Kind zu: „Kannst Du mich fangen und an der Hand abschlagen?" Weichen Sie nach rechts und links aus. Nach einigen Runden lassen Sie sich fangen. Dann darf das Kind laufen und Sie müssen es fangen.

● Schwänzchen fangen:

Stecken Sie sich locker in den Hosen- oder Rockrand auf dem Rücken ein ca. 50—60 cm langes Band oder gerolltes Dreiecktuch. Dieses soll im Laufen herausgezogen werden. Haben Sie dem Kind das Spiel erklärt, laufen Sie mit den Worten los: „Wer fängt mein Schwänzchen?" Das Kind versucht nun das Tuch herauszuziehen. Anschließend werden die Rollen getauscht (Abb. 149).

● Schwänzchen treten:

Sie benötigen dazu ein ca. 2—3 m langes Band oder Sprungseil. Dieses fassen Sie am Ende an und schlängeln es auf dem Boden. Das Kind soll versuchen, mit seinem Fuß auf das Seil zu treten. Je nach Alter des Kindes, können Sie es langsamer oder schneller bewegen. Anschließend Rollentausch (Abb. 150).

Abb. 150

● Versuchen Sie gemeinsam einen Schmetterling zu „fangen" und laufen Sie diesem nach.
● Spielen Sie mit mehreren Kindern oder der ganzen Familie das „Fischerspiel". Alle Mitspieler legen die flachen Hände auf die Tischplatte. Einer aus der Gruppe ist Fischer. Er streicht mit einer Hand kreisend über die Hände und sagt den Vers:

Ich hab gefischt, ich hab gefischt,
ich hab die ganze Nacht gefischt
und hab doch keinen Fisch . . . erwischt!

Beim letzten Wort versucht er, eine Hand zu fangen, während alle Spieler rasch ihre Hände vom Tisch ziehen. Wer gefangen wurde, wird Fischer.

Methodische Hinweise

Gestalten Sie die Spiele so, daß die „Treffer" überwiegen. Passen Sie die Bewegungsgeschwindigkeit des Zieles dem Entwicklungsalter des Kindes an.

Wenn Sie dem Kind einen Ball geben, lassen Sie es ohne jede einengende Anweisung damit spielen. Es wird ihn mit dem Fuß stoßen, ihn wegwerfen, einem Partner zuwerfen, ihn prellen oder auf ein Ziel schießen. Mit der Zeit können kleine Aufgaben aus den aufgeführten Spielangeboten gestellt werden, bei denen auch mehrere Kinder mitmachen können.

Ein schneller Erfolg bei den Fangspielen ist besonders bei kleineren Kindern wichtig und motiviert sie zu immer neuem Spiel.

Hinweise für behinderte Kinder

Behinderte Kinder sind oft in ihren Reaktionen verlangsamt. Sich auf ein bewegliches Ziel einstellen und eine Handlung darauf abstimmen, stellt schon eine große Anforderung dar. Bieten Sie nur solche Ziele an, die für das Kind einen sichtbaren Erfolg vermitteln und langsam bewegt werden können. Je nach Bewältigung der Aufgabe steigern Sie den Schwierigkeitsgrad.

Beispiele für Anfangsübungen:

● Einen großen Push- oder Spastikerball langsam anrollen und mit einem anderen kleinen Ball treffen lassen.

● Sandsäckchen oder Bälle durch einen Reifen werfen, den Sie selbst bewegen; der nicht alleine rollt.

● Mit einem Papierkorb gehen oder laufen und auf dem Boden liegende Bälle, Bauklötze, Kastanien oder Sandsäckchen reinwerfen lassen.

Bei gehbehinderten Kindern gestalten Sie die Spiele so, daß sie aus der Sitzposition des Kindes bewältigt werden können.

Die Wahl des Balles ist bei behinderten Kindern ebenfalls wichtig. Ein körperlich behindertes Kind kann manchmal mit einem weichen Stoffball mehr anfangen als mit einem glatten, schnell rollenden und gut springenden Gummi- oder Plastikball. Einen Stoffball kann es besser greifen und werfen. Er rollt und fliegt langsamer, so daß er dem Kind mehr Freude macht und zum wirklichen Spielpartner wird.

Als nächstes wäre ein leichter Wasserball geeignet. Hat Ihr Kind mit Stoff- und Wasserball noch Schwierigkeiten, so soll es vorerst mit einem großen Luftballon spielen. Man kann ihn anfangs an einer Schnur von der Decke herabhängen lassen.

Erweiterung der Lernsituationen durch Spielmaterial

	Hersteller
Japanische Papierbälle	versch. Hersteller
Zeitlupenball	versch. Hersteller
Handy-Ball	versch. Hersteller
Tischtennis-Soft-Ball	versch. Hersteller
Indiaca-Ball	
Großball	versch. Hersteller
Kindergarten-Tischtennisplatte	Wehrfritz
Family Ping-Pong-Spiel	Wehrfritz
Family-Tennisspiel	versch. Hersteller
Federball-Spiel	versch. Hersteller

3.13. *Förderschwerpunkt:* **Der Weg zum Schreiben**

Was heißt das?

Vom großräumigen Malen gelangt das Kind im Vorschulalter zur Wiedergabe von differenzierten Formen, wie sie bei den Schwung- und Schreibübungen zu finden sind. Diese Übungen sollen dem Kind helfen, zu einer rhythmisch-schwingenden Schreibbewegung zu kommen. Besonders für unruhige Kinder, die zu einem verkrampften und ungeordneten Bewegungsablauf neigen, aber auch für bewegungsungeschickte Kinder ist eine solche Vorbereitung des Schreibens nötig.

Schreiben erfordert die geschickte Handhabung des Schreibgerätes und die optische Wahrnehmung und Wiedergabe dessen, was mit Bildern oder Buchstaben ausgedrückt werden soll. Erst wenn alle diese Voraussetzungen erfüllt sind, kann das wichtigste persönliche Ausdrucksmittel des Menschen, die Schrift, erlernt werden.

Lernsituationen

Schwungübungen

● Gestalten Sie dieses das Schreiben vorbereitende gelenkte Malen spielerisch. Es soll zunächst noch keine Einengung durch Zeilen oder andere Abgrenzungen erfolgen. Die Bewegung soll locker und frei auf großem Papier ausgeführt werden. Geben Sie Anregung durch kleine Bildmotive (Abb. 151) oder Geschichten und lassen Sie vom Kind die Wellen-, Rund- oer Bogenbewegungen zunächst mit dem Finger auf dem Tisch, in der Luft, an der Tafel oder auf Papier malen.

Abb. 151

Beispiele (Abb. 152—157):

Dampf aus der Lokomotive.

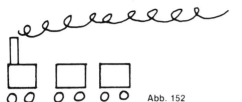

Abb. 152

Qualm aus dem Schornstein.

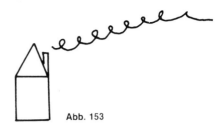

Abb. 153

Wellen im Wasser.

Abb. 154

Eine Schlange zeichnen.

Abb. 155

Ein Hase, Frosch, Heuhupfer springt.

Abb. 156

Dachziegeln für ein Dach malen.

Abb. 157

● Schreibvorübungen:

Ist die Grundbewegung der vorbereitenden Schreibübungen vorhanden, so geben Sie dem Kind liniertes Papier im Format DIN A 4. Der Zeilenabstand sollte zu Beginn 5—6 cm betragen und später zu immer kleiner werdenden Zeilen hinführen. Die unbeteiligte Hand soll locker und entspannt daneben liegen. Bei allen Schreibvorübungen kommt es nicht auf „schönes Malen" an. Viel wichtiger ist, daß durch Lob die Freude am Schreiben geweckt wird. Nur durch Übung wird erreicht, was später in der Schule verlangt wird: das Schreiben von Buchstaben und Wörtern. Achten Sie darauf, daß die Übungen von links nach rechts angelegt werden. Die Schreibrichtung ist für das Lesen und Schreiben wichtig.

Beispiele für Schreibvorübungen (Abb. 158):

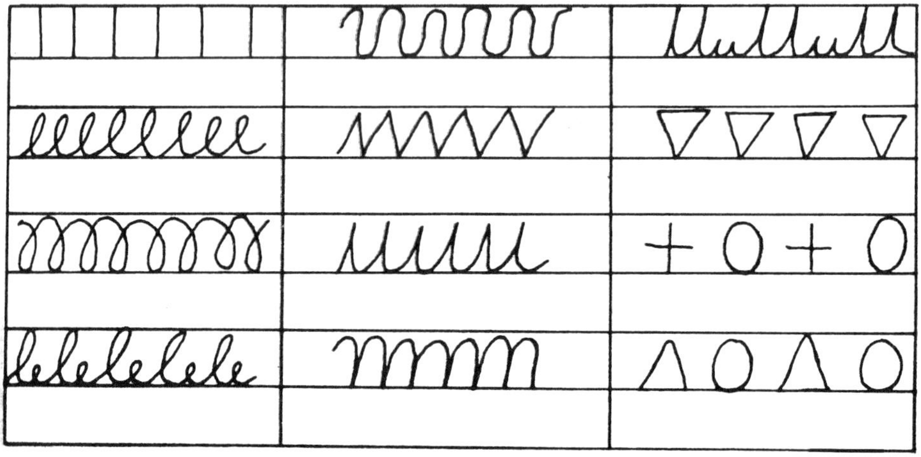

Abb. 158

● Um gezielt mit dem Stift umgehen zu lernen, bieten sich folgende Malspiele an:

Den Blumen fehlt der Stengel. Der Erwachsene malt einige Blumen auf das Papier, und das Kind zeichnet den fehlenden Stengel ein (Abb. 159).

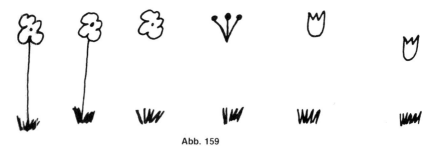

Abb. 159

Den Luftballons fehlen die Bänder (Abb. 160).

Abb. 160

Der Leiter fehlen die Sprossen (Abb. 161).

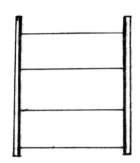

Abb. 161

Ein Gitter oder Fußballtor wird gemalt (Abb. 162).

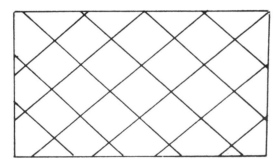

Abb. 162

Die Strahlen der Sonne malen (Abb. 163).

Abb. 163

177

Bälle werden in den Korb geworfen (Abb. 164).

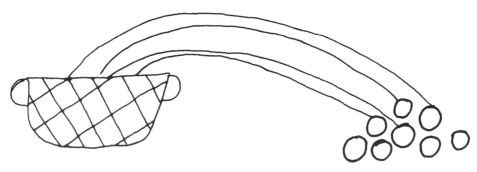

Abb. 164

● Übungen zur Raumlage-Wiedergabe:

In den Zeichnungen des jüngeren Kindes geschieht die räumliche Anordnung der Figuren oder Formen noch recht zufällig. Die Gegenstände auf dem Blatt haben bestimmte Beziehungen zueinander, sind aber noch nicht so angeordnet, wie sie im Raum stehen. Dieser Lernprozeß entwickelt sich erst nach und nach und kann durch Malspiele unterstützt werden. Das Kind soll eine vorgegebene Form, ein Motiv oder Zeichen so abmalen, wie es Vater oder Mutter vorgezeichnet hat.

Beispiele (Abb. 165):

Abb. 165

Methodische Hinweise

Das gesund entwickelte Vorschulkind brennt darauf, „schreiben" zu können. Es überträgt gesehene Schreibformen und übt oft unermüdlich. Geben Sie nur Hilfe, wenn es die Bewegung des Strichablaufs nicht von sich aus findet. Wenn erforderlich, kann auch die Hand geführt werden. Dazu muß man sich hinter das Kind stellen und mit der eigenen rechten oder linken Hand die schreibende Hand des Kindes führen.

178

Geben Sie kein Schreibtempo an. Jedes Kind braucht eine verschieden lange Zeit, um seine Striche zu planen, zu steuern oder zu wiederholen. Korrigieren Sie nicht, während das Kind schreibt.

Sparen Sie nicht mit neuen Blättern. Bewahren Sie die bemalten Blätter auf, damit das Kind seine eigenen Fortschritte sehen und verfolgen kann. Drängen Sie das Kind auch nicht zum „Schönschreiben"! Die Übungen auf oder zwischen den Linien sollten nicht zu früh eingeführt werden.

Linkshändige Kinder sollen nicht gezwungen werden rechts zu schreiben. Das Blatt oder Heft muß bei diesen Kindern von der Körpermitte nach links zeigen. Der Erwachsene, der dem Kind Übungen vorschreibt, muß dieses, neben dem Kind sitzend, auch mit seiner linken Hand tun.

Linkshänder brauchen im allgemeinen mehr Schreibtraining als ein Rechtshänder um zu einer flüssigen Schrift zu kommen.

Hinweise für behinderte Kinder

Bei feinmotorisch gestörten Kindern können zum Einspuren der Schwungübungen Schablonen angefertigt werden. Besorgen Sie sich aus einem Schreibwarengeschäft einfarbige Pappe und stellen Sie daraus 15x60 cm breite Streifen her. Mit einem scharfen Messer schneiden Sie (auf einer Zeitungsunterlage) 1 cm breite Rillen nach den aufgeführten Beispielen (Abb. 166) heraus. Nehmen Sie eine Schablone und lassen Sie vom Kind die Schreibbewegungen mit dem Zeigefinger nachfahren.

Es kann die Übung auf dem Tisch mit den Fingern malen. Handführung kann zu Beginn erforderlich sein.

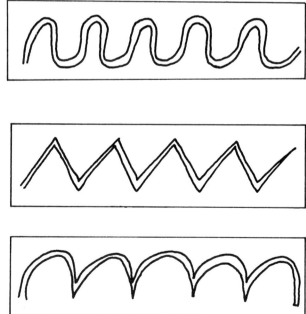

Abb. 166

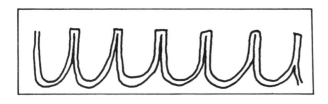

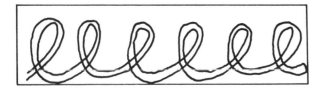

Abb. 166a

Legen Sie die Schablone auf großes Papier und lassen Sie die Bewegung mit einem Filzstift nachfahren.

Später legen Sie die Schablone weg und lassen die Schreibbewegung mit einem Stift auf großem Papier (Tapetenrollen) ohne Linien schreiben/malen.

Ist die Bewegungsfolge sicher eingespurt, können große Linien im Abstand von 10 cm angeboten werden.

Lassen Sie die jeweils zu erlernenden Linien aus Knetmaterial legen. Bauen Sie in kleinen Schritten die einzelnen Schwungübungen auf.

Erweiterung der Lernsituationen durch Spielmaterial

	Hersteller
„Heute mal ich, morgen schreib ich"	
v. Tschinkel	Jugend und Volk
„Schreiben vorbereiten"	
v. W. P. Löscher	Pelikan
„Vom Strich zur Schrift"	
v. S. Naville/P. Marbacher	Naville
Anfangsheft A	
(Vorstufe zum Schreibenlernen)	Pelikan
Spielschrift	
(Ein Vorkurs zum Schreiben- und	
Lesenlernen)	Beltz

4. Störungen in der handmotorischen Entwicklung

Neben den Kindern, die aufgrund von Wahrnehmungsstörungen in der Wiedergabe handmotorischer Aufgaben Probleme haben, gibt es Kinder, die durch Bewegungsstörungen der Hand nicht in der Lage sind, das zu gestalten oder auf Papier zu bringen, was sie gerne möchten.

Wir sprechen von Entwicklungsverzögerungen der Handmotorik, wenn gewisse Funktionen, die in einem bestimmten Entwicklungsalter gekonnt werden sollten, noch nicht beherrscht werden. Die Ursache ist in einer Verlangsamung bestimmter Reifungsvorgänge des zentralen Nervensystems zu suchen.

Liegen aber gleichzeitig Störungen vor, so bedeutet dieses, daß die Handbewegungen andersartig verlaufen und fehlerhaft funktionieren.

Ein Kind mit gestörter oder mangelhaft entwickelter Handmotorik ist im Alltag stark benachteiligt. Die Bewältigung täglicher Aufgaben, z. B. Anziehen, Essen, Umgang mit Spielzeug, Malen, Kleben oder Schreiben, stellt für dieses Kind oft nur schwer zu bewältigende Hindernisse dar. Im Kindergarten oder in der Schule kann es sich nicht mit anderen Kindern messen, trotz Einsatz all seiner Kräfte. So liegt es nahe, daß dieses Kind durch sein Versagen ein gestörtes Selbstwertgefühl entwickelt. Als Folge davon können seine Beziehungen zu den Erwachsenen und zu anderen Kindern mehr oder weniger gestört sein.

Die Ursache für handmotorische Störungen ist meist in einer Hirnfunktionsstörung (vgl. Kap. „Wahrnehmungsstörungen") begründet. Es können aber auch, gerade bei Mal- und Schreibstörungen, psychische Gründe für Verspannungen und Verkrampfungen der Hände vorliegen.

Sollte Ihr Kind bei handmotorischen Aufgaben Probleme haben, so teilen Sie Ihre Beobachtungen dem Kinderarzt oder einem anderen zuständigen Fachmann mit. Er wird beurteilen, welche Art von Behinderung vorliegt und welche Therapie erforderlich ist. Früherkennung krankhafter Störungen kann nur durch verantwortliche Mitarbeit der Eltern realisiert werden. Je früher Behinderungen erkannt werden, umso größer ist die Chance rechtzeitig einsetzender Therapie.

4.1. Wie äußern sich handmotorische Störungen?

Gestörte Greifbewegung

Das Neugeborene hat seine Händchen noch zu Fäusten geschlossen. Diese Fausthaltung verliert sich allmählich in den ersten drei Monaten. Dann ist die Entwicklung des eigentlichen Greifens und Loslassens möglich. Verliert sich diese Fausthaltung bis zum 6. Lebensmonat nicht und gelingt das Öffnen der Hand nicht, so ist das ein Warnzeichen. Zum Beispiel kann eine Spastizität die Ursache sein.

Ungenügende Hand- und Fingerbeweglichkeit

Genauso, wie das Kind in dem ersten Halbjahr lernt, fest zuzugreifen, so muß es im zweiten Lebenshalbjahr lernen, den Griff absichtlich loszulassen. Der schnelle Wechsel von Anspannung und Entspannung bildet die Voraussetzung zum Greifen großer Gegenstände wie z. B. Bauklötze, Bälle, Spieltiere oder Puppen. Um das Instrument „Hand" für spezielle Aufgaben richtig einsetzen zu können, muß eine ausreichende Fingerbeweglichkeit für isolierte Teilbewegungen, vor allem im Gebrauch des Zeigefingers, gegeben sein. Das Kind benötigt diese Fähigkeit, um gezielt greifen zu können oder um die Bewegung seiner einzelnen Finger voneinander zu trennen, z. B. mit dem Zeigefinger zeigen, Daumen und Zeigefinger zusammenzuführen, um kleine Dinge zu greifen (Pinzettengriff) oder die Finger unabhängig voneinander zu beugen. Je differenzierter die geforderten Alltagsaufgaben werden, umso mehr müssen die Finger koordiniert und bewegt werden können.

Arm-, Hand- und Fingerkraft

Handgeschicklichkeitsleistungen können sich nur auf der Grundlage einer genügenden Muskelkraft entwickeln. Einem Kind mit schlaffen, kraftlosen Händchen mangelt es an der Präzision seiner Impulse. Meist liegen plumpe, undifferenzierte, verlangsamte Handbewegungen vor. Eine willkürliche Steuerung der Handmuskulatur gelingt ihm nicht. Ein solches Kind kann im Säuglingsalter ein Spielzeug nicht festhalten und läßt es fallen. Es gelingt ihm auch nicht, ein Quietschtier zusammenzudrücken. Das ältere Kind hat mit der Hand bei allen Aufgaben Schwierigkeiten, die einen gezielten Krafteinsatz benötigen.

Einseitig gestörte Handbewegung

Bei manchen Kindern liegen einseitige Schwächen der Hand oder der Finger vor. Eltern beobachten zum Beispiel, daß das Kind beim Spiel weitgehend nur die eine Hand nimmt und recht gut damit fertig wird, während die andere Hand unbeteiligt ist.

Wenn beim Hantieren mit Gegenständen und Spielen die eine Hand nie oder nur selten als Hilfshand gebraucht wird, so besteht der dringende Verdacht auf eine einseitige Bewegungsstörung.

Linkshändigkeit

Die meisten Menschen sind sogenannte Rechtshänder, d. h. die bevorzugte Hand, mit der die meisten Tätigkeiten ausgeführt werden, ist die rechte Hand. Daneben gibt es Menschen, die beide Hände gleichrangig einsetzen und solche, die eindeutige Linkshänder sind.

Dominante (vorherrschende) Linkshändigkeit kann durch entsprechende Tests festgestellt werden.

Starke Linkshänder sollten nicht auf rechts umgeschult werden. Jede Art von Zwang muß vermieden werden.

Athetotische Bewegungen der Hand

Diese Störung ist Ausdruck einer Schädigung, die vorwiegend Teile des Zwischenhirns und Mittelhirns betrifft. Es entsteht ein Wechsel zwischen einem spannungslosen und verkrampften Muskelzustand. Die Hand- und Fingerbewegungen sind ausfahrend, wurmartig, gewunden und überschießend. Diese langsamen und spannungsreichen Drehbewegungen erstrecken sich meist über den ganzen Körper. Das athetotische Kind hat kaum Schwierigkeiten bei dem Versuch hinzulangen. Aufgrund seines schwankenden Haltungstonus und seiner schlechten Kopfkontrolle mangelt es ihm aber an der Fähigkeit zu fixieren. Auch ist das gezielte Greifen durch die unkontrollierten Bewegungen und die gestörte Hand-Auge-Koordination erschwert.

Der Grad der Störung kann sehr unterschiedlich sein. Manche Kinder mit einer minimalen Athetose versuchen die störenden Extrabewegungen zu unterdrücken, indem der Mal- und Schreibdruck verstärkt und das Schreibtempo verlangsamt wird. Die Auswirkungen kann Bewegungssteifheit, Verspannung der Arme, der Hände und der Finger sein.

Spastische Bewegungsstörungen der Hand

Sitz dieser Schädigung ist meist die Gehirnrinde. Es entsteht eine sogenannte „Lähmung mit erhöhter Muskelspannung", d. h. daß ein schwer lösbarer Spannungszustand eine oder mehrere Muskelgruppen beherrscht. Die sinnvolle Zusammenarbeit dieser Muskelpartien ist gestört. Die Bewegungen werden dadurch verkrampft und falsch gesteuert. Die Finger des spastischen Kindes sind starr und steif, die Gelenke teilweise überstreckt. Die Finger gehorchen nur mangelhaft dem Willen. Die spastischen Erscheinungen pflegen um so stärker zu stören, je bewußter und gewollter die Bewegungen ablaufen.

Bei diesen Kindern besteht meist eine Behinderung aller Arm- und Handbewegungen, sowie der Hand-Auge-Koordination, da die Hände den Befehlen des Auges nicht ohne weiteres folgen können.

Zittrige Handbewegungen

Auch diese Form der Bewegungsstörung zeigt sich beim Malen, Schreiben, beim Perlenauffädeln, beim Schereschneiden, Knöpfen, Knoten, Aufheben von kleinen Dingen, d. h. überall dort, wo Zielsicherheit verlangt wird. Das Hand- und Fingerzittern ist meist aber auch beim Strecken und Stillhalten der Hände zu sehen.

Gestörte Hand-Auge-Koordination

Schon im ersten Lebensjahr übt sich das Kind darin, daß es das, was es mit den Augen gesehen hat, mit den Händen greifen möchte. Es ist ein langer Weg von der ersten unsicheren Ausstreck- und Reichbewegung des Säuglings bis zum gezielten Greifen und Hantieren älterer Kinder.

Alles was das Kind tut, ob es sich ein Bonbon aus der Dose nimmt oder Perlen auffädelt, ob es malt und schreibt oder die Holzpflöcke in ein Hammerbänkchen einschlägt, immer übt es sich in der Vervollkommnung der Hand-Auge-Koordination.

Manche Kinder leiden unter einer unerkannten, leichten Sehstörung. Dadurch klappt die Zusammenarbeit von Auge und Hand nicht so recht, und alle handmotorischen Aufgaben, die eine Genauigkeit der Führung durch das Auge benötigen, fallen unbefriedigend aus und werden von Kindern ungern gemacht oder gar abgelehnt. Eine schlechte Kopf- und Körperhaltung beim Malen und Schreiben weist oft schon auf das Problem hin. Eine genaue Überprüfung durch den Augenarzt ist hier angezeigt.

Das verkrampfte Malen

Dieses kann die Auswirkung eines durch psychische Belastungen neurotisierten, ängstlichen oder gehemmten Kindes sein. Kinder wollen in einer fröhlichen, harmonischen Atmosphäre leben. Wird ihnen dieser Lebensraum nicht gegeben und erleben sie ein disharmonisches Elternhaus, so reagieren sie auf unterschiedliche Weise. Manche Kinder wenden sich aggressiv nach außen, indem sie zerstören oder sich an ihren Kameraden abreagieren. Andere ziehen sich mit ihrem Problem zurück, verstummen, werden ängstlich verspannt und gehemmt, was sich bis in ihre Bewegungsabläufe hinein bemerkbar macht. Das kann beim Malen oder Schreiben zu einer verkrampften Stifthaltung führen. Dem Vorschulkind fehlt bei Schreibvorübungen der lockere Schwung. Je mehr geübt werden muß, umso mehr verkrampft sich die Hand des Kindes. Das Ergebnis wird schlechter. Der Teufelskreis beginnt, und es entsteht eine ständige Streßsituation. Die spätere Schreibstörung ist vorprogrammiert.

5. Literatur zur Entwicklungsdiagnostik

Bondy, C./Cohen, R./Eggert, D./Lüer, G.: Die Testbatterie für geistig behinderte Kinder (TBGB). Weinheim (Beltz) 1969

Bühler, C./Hetzer, H.: Kleinkindertests. Entwicklungstests vom 1. bis 6. Lebensjahr. München (Barth) 1970

Doman, G. J./Delacato, C. H./Doman, R. J.: The Doman-Delacato Developmental Mobility Scale. Philadelphia: Rehabilitation Center 1960

Frostig, M./Lockowandt, O.: Frostigs Entwicklungstest der visuellen Wahrnehmung, FEW. Dt. Bearbeitung von O. Lockowandt. Weinheim (Beltz) 1972

Hellbrügge, T./Pechstein, G.: Entwicklungsphysiologische Tabellen für das Säuglingsalter: Diagnostik der statomotorischen Entwicklung. FdM — Tabellen 11 und 14. Fortschr. Med., Gauting 86 (1968) P 481—484, 608—609

derselbe; Pechstein, G.: Differenzierte Entwicklungsdiagnostik im Säuglingsalter. Eine neue Untersuchungsmethode für die pädiatrische Praxis. Mitt. Kinderärzte, Lübeck 63 (1969) Feb., P. 1408—1414

derselbe; Meinarda, D./Reiner-Schamberger, R./Stünkel, S.: Funktionelle Entwicklungsdiagnostik im 2. Lebensjahr. FdM-Tabellen 13 Fortsch.Med., Gauting 89 (1971), P 558—562

Griffith, R.: The Abilities of Babies. New York/London: University Press 1954

Kiphard, E. J.: Wie weit ist ein Kind entwickelt. Dortmund (modernes lernen) 1980, 4. Aufl.

Schopler, E./Reichler, R. J.: Entwicklungs- und Verhaltensprofil. Deutsche Bearbeitung: Alfred Horn, Dortmund (modernes lernen) 1981

Vlach, V.: Ein Screeningtest zur Früherkennung von Entwicklungsstörungen beim Säugling. Pädiatr. Prax., München 11 (1972), P. 385

6. Literatur zur Wahrnehmungsförderung

Arndt, Marga (Red.): Didaktische Spiele. Stuttgart (Klett) 1970

Augustin, A.: Beschäftigungstherapeutische Behandlung bei Wahrnehmungsstörungen. Dortmund (modernes lernen) 1980

Bondzio, M./Vater, W.: Frühförderungs- und Entwicklungshilfen für behinderte Kinder. Bonn (Reha) 1981

Delacato, C. H.: Ein neuer Start für Kinder mit Lesestörungen. (Freiburg) 1973

Ebersole, M./Kephart, N./Ebersole, J. B.: Lernen Schritt für Schritt. München (Reinhardt) 1976

Ehrlich, P./Heimann, K.: Bewegungsspiele für Kinder. Dortmund (modernes lernen) 1982

Flehmig, I.: Neuere Aspekte der Früherkennung von Behinderungen im Säuglingsalter und der Behandlung von Wahrnehmungsstörungen. In: Hess. Sozialminister (Hrsg.): Förderung entwicklungsgefährdeter und behinderter Heranwachsender. Erlangen (Perimed Fachbuch) 1981, 69—75

Frostig, M./Reinhartz, A. u. E.: Wahrnehmungstraining. Dortmund (Crüwell) 1972

dieselbe: Individualprogramm zum Wahrnehmungstraining. Dortmund (Crüwell) 1974

dieselbe: BWL, Bewegen — Wachsen — Lernen. Dortmund (Crüwell) 1975, 2. Aufl.

Herzka, Heinz Stefan: Das Kind von der Geburt bis zur Schulreife. Basel (Schwabe) 1975

Heuss, G.: Vorschule des Lesens. München 1971

Horsch, U./Ding, H.: Sensomotorisches Vorschulprogramm für behinderte Kinder. Heidelberg (Groos) 1981, 2. Aufl.

Hoven, van den, M./Speth, L.: Motorik ist mehr als Bewegung. Berlin (Marhold) 1976, 2. Aufl.

Kietz, G.: Das Bauen des Kindes. München (Kösel) 1967

Kiphard, E. J.: Sensomotorische Frühdiagnostik und Frühtherapie. In: Eggert/Kiphard: Die Bedeutung der Motorik für die Entwicklung normaler und behinderter Kinder. Schorndorf (Hofmann) 1973, 2. Aufl., 12—40

derselbe: Sensomotorische Übungsbehandlung. In Hess. Sozialminister (Hrsg.): Förderung entwicklungsgefährdeter und behinderter Heranwachsender. Erlangen (Perimed Fachbuch) 1981, 76—85

derselbe: Mototherapie II. Dortmund (modernes lernen) 1983

derselbe: Motopädagogik. Dortmund (modernes lernen) 1980

Klein-Jäger, W.: Fröbel-Material zur Förderung des entwicklungsgestörten und des behinderten Kindes. Ravensburg (Otto Maier) 1978

Krenzer, R.: Spiele mit behinderten Kindern. Heidelberg (Kemper) 1971

Liepmann, Lise: Sehen, hören, riechen, tasten. Das Kind und die Welt der Sinne. Olten/Freiburg i. Br. (Walter) 1975

Miske-Flemming, D.: Theorie und Methode zur Behandlung von perzeptionsgestörten Kindern. Dortmund (modernes lernen) 1980

Montessori-Vereinigung e.V. (Hrsg.): Montessori-Material Teil 1. Zelhem/Niederlande (Nienhuis) 1978

Neikes, J. L.: Scheiblauer Rhythmik-Orthagogische Rhythmik. Ratingen/Düsseldorf (Henn) 1959

Niesseler, M.: So fördere ich Kinder im Vorschulalter. Donauwörth (Auer) 1972

Ohlmeier, Getrud: Frühförderungsprogramme für behinderte Kinder (0—6). Dortmund (modernes lernen) 1979

Orem, R. C./Mayrhofer, H./Zacharias, W.: Neues Spielen mit Kindern. Ravensburg (Otto Maier) 1976

Oy, von, C. M.: Montesssori-Material zur Förderung des entwicklungsgestörten und des behinderten Kindes. Ravensburg (Otto Maier) 1978

Pausewang, E.: 130 didaktische Gruppenspiele für Kinder von 3—8 Jahren. München (Don Bosco) 1975, 5. Aufl.

Reinartz, E.: Visuelles Wahrnehmungstraining und psychomotorische Förderung als prophylaktische Maßnahme gegenüber Lernschwächen in der Schule. In: Hesse, G.(Hrsg.): Rehabilitation Behinderter durch Förderung der Motorik. Berlin (Marhold) 1975, 91—115

Schmitz, E.: Elternprogramm für behinderte Kinder. München (Reinhardt) 1979, 2. Aufl.

Seitz, R. (Hrsg.): Seh-Spiele. München (Don Bosco) 1982

Sinnhuber, Helga: Spielmaterial zur Entwicklungsförderung — von der Geburt bis zur Schulreife. Dortmund (modernes lernen) 1981, 1. Aufl.

Stöcklin-Meier, S.: Falten und Spielen. Ravensburg (Otto Maier) 1980

Wiegersma, P. H.: Psychomotorik, Körperschema und Körpererleben. In: Eggert/Kiphard (Hrsg.): Die Bedeutung der Motorik für die Entwicklung normaler und behinderter Kinder. Schorndorf (Hofmann) 1973, 2. Aufl., 98—120

7. Literatur zur Förderung der Handmotorik

Bondzio, M./Vater, W.: Frühförderungs- und Entwicklungshilfen für behinderte Kinder. Bonn (Reha) 1981

Ebersole, M./Kephard, N. G./Ebersole, J. B.: Lernen Schritt für Schritt. München (Reinhardt) 1976

Frostig, Marianne: Wahrnehmungstraining. Dortmund (Crüwell) 1972

Heermann, M.: Schreibbewegungstherapie. München (Reinhardt) 1977

Jeitner, B.: Das große Buch der Kinderbeschäftigungen. Ravensburg (O. Maier)

Kiphard, E. J.: Wie weit ist ein Kind entwickelt. Dortmund (modernes lernen) 1980, 4. Aufl.

derselbe: Motopädagogik. Dortmund (modernes lernen) 1980

derselbe: Maschinenschreiben als Therapie für schreibbewegungsgestörte Schüler. In: Zeitschrift für Heilpädagogik 5 (1981) 365—367

derselbe: Mototherapie II. Dortmund (modernes lernen) 1983

Kramer, Josefine: Übungen für psychomotorisch gehemmte und linkshändige Kinder und Jugendliche. Solothurn (Antonius) 1975

Naville, S./Marbacher, P.: Vom Strich zur Schrift. Zürich (Zumikon) 1980

Neikes, J. L.: Scheiblauer Rhythmik-Orthagogische Rhythmik. Ratingen/Düsseldorf (Henn) 1969

Ohlmeier, Gertrud: Frühförderungsprogramme für behinderte Kinder (0—6). Dortmund (modernes lernen) 1979

Schilling, F.: Neue Ansätze zur Untersuchung der Hand- und Fingergeschicklichkeit im Kindesalter. In: Zeitschrift Sportwiss. 4 (1974), 276—298

Schmitz, E.: Elternprogramm für behinderte Kinder. München (Reinhardt) 1979, 2. Aufl.

Sinnhuber, Helga: Spielmaterial zur Entwicklungsförderung — von der Geburt bis zur Schulreife. Dortmund (modernes lernen) 1981, 1. Aufl.

Zitzlsberger, Helga: Musik in Linien und Farben. Weinheim/Basel (Beltz) 1976

Zuckrigl, Alfred: Linkshändige Kinder in Familie und Schule. In der Reihe: Kinder sind Kinder „1". München/Basel (Ernst Reinhardt) 1981, 2. Aufl.

8. Herstellerverzeichnis der Material-angaben

BAUFIX
Lorenz GmbH, Postfach 14 80, 8192 Geretsried

Beltz, Julius, GmbH & Co KG
Postfach 11 20, 6940 Weinheim

Brio Scanditoy GmbH
Neuseserstr. 19, 8500 Nürnberg 60

Carlsen Verlag GmbH
Dieselstr. 6, 2057 Reinbek

Crüwell
siehe Schroedel-Verlag

Eichhorn GmbH
Parkstr. 1 – 3, 8620 Lichtenfels 2

Ellermann, Heinrich, GmbH & Co. KG
Romanstr. 16, 8000 München 19

Finken Impulse Verlag
Adenauerallee 21, 6370 Oberursel/Ts. 1

Fischer Werke
Artur Fischer GmbH & Co. KG, Weinhalde 14 – 18
7244 Waldachtal

HABA Habermaaß GmbH & Co
August-Grosch-Str. 30, 8634 Rodach

Heinevetter, Otto
Papenstr. 41, 2000 Hamburg 76

Herder Verlag GmbH
Hermann-Herder-Str. 4, 7800 Freiburg

Hoch Verlag GmbH
Blumenstr. 36, 7000 Stuttgart 1

Hoheneck Verlag GmbH
Jägerallee 5, 4700 Hamm

Huesmann und Benz Schubi Lehrmittel GmbH
Hochwaldstr. 18, 7700 Singen

Hyperion
Heidenhofstr. 7, 7800 Freiburg

Jugend und Volk
Anschützgasse 1, A-1153 Wien

Kiddicraft
Vertrieb: Otto Maier Verlag Ravensburg AG
Postfach 1860, 7980 Ravensburg

Keller, Konrad GmbH & Co KG
Metzgerstr. 6, 7320 Göppingen

LEGO
Itzehoer Str. 19, 2354 Hohenwestedt

Maier, Otto, Verlag GmbH
Postfach 1860, 7980 Ravensburg

Matador
A-2511 Pfaffenstätten/Wien

Meistergilde KG
Hermann-Kätelhön-Str. 66-68, 4773 Möhnesee-Wamel

Mertens-Kunst
Karl-Zeiss-Str. 7, 7517 Pfullingen

Naville, M. Vogelacher 12
CH-8126 Zumikon

Neckar Verlag GmbH
Klosterring 1, 7730 Villingen

Nienhuis
Industriepark 14-18, Zelhem/Holland

Playskool, Milton Bradley GmbH
Waldstr. 49, 8510 Fürth

Pelikan AG
Podbielskistr. 141, 3000 Hannover 1

REHA
Postfach 20 05 61, 5300 Bonn 2

Schmid F. X.
Bachstr. 17, 8210 Prien

Schroedel Verlag GmbH
Hildesheimer Str. 202-206, 3000 Hannover

Selecta Spielzeug GmbH
Osterseeon 3, 8011 Kirchseeon

Sellier Verlag GmbH
Erfurter Str. 4, 8057 Eching

Spear, Apex Spiel und Hobby GmbH
Klingenhofstr. 50, 8500 Nürnberg 13

Stalling, jetzt: Gerstenberg-Verlag
Rathausstr. 18-20, 3200 Hildesheim

Staneker
Karl-Brennstuhl-Str. 14, 7400 Tübingen

Steinmeier B.V.
Hout Vester Wei 10, 5551 PD Valkenswaard/Holland

Verlag Gruppenpädagogischer Literatur
Postfach 26, 6393 Wehrheim 1

Vogel-Verlag
jetzt: Westermann-Lernspielverlag GmbH
Georg-Westermann-Allee 66, 3300 Braunschweig

Wehrfritz GmbH
Augaust-Grosch-Str. 30, 8634 Rodach

Widmaier, Berthold GmbH & Co
Waldstr. 36, 7307 Aichwald

9. Literaturverzeichnis

Augustin, A.: Beschäftigungstherapeutische Behandlung bei Wahrnehmungsstörungen. Dortmund (modernes lernen) 1980

Cruickshank, W. M.: Schwierige Kinder in Schule und Elternhaus. Berlin (Marhold) 1973

Croft, D. J./Hess, R. D.: Kleine Kinder lernen spielend. München (Moderne Verlags GmbH) 1974

Ebersole, M./Kephart, N. C./Ebersole, J. B.: Lernen Schritt für Schritt. München (Reinhardt) 1976

Finnie, N. R.: Hilfe für das cerebral gelähmte Kind. Ravensburg (Maier) 1976, 2. Aufl.

Frostig, Marianne: Bewegungserziehung. München (Reinhardt) 1973

derselbe;/Müller, H. (Hrsg.): Teilleistungsstörungen. München (Urban & Schwarzenberg) 1981

derselbe;/Horn, D.: Individualprogramm zur visuellen Wahrnehmung — Anweisungsheft

Gordon, I. J.: Baby lernt durch Babyspiel. Freiburg/Brg. (Hyperion) 1975

derselbe;/Guinach, B./Jester, R. E.: 57 Lernbeispiele für 2- bis 3jährige Kinder. Freiburg (Hyperion) 1975

Hellbrügge, Th./Wimpfen, H.: die ersten 365 Tage im Leben eines Kindes. München (Verlagsunion)

Herzka, Heinz Stefan: Das Kind von der Geburt bis zur Schulreife. Basel (Schwabe) 1975

Johnson, D. J./Myklebust, H. R.: Lernschwächen. Stuttgart (Hippokrates) 1976, 2. Aufl.

Kephard, N. C.: Das lernbehinderte Kind im Unterricht. München (Reinhardt) 1977

Kietz, Gertrud: Das Bauen des Kindes. München (dtv) 1974

Kiphard, Ernst, J.: Wie weit ist ein Kind entwickelt. Dortmund (modernes lernen) 1980, 4. Aufl.

derselbe: Motopädagogik. Dortmund (modernes lernen) 1980

Lauster, U. u. P.: Ist mein Kind schulreif. München (Droemer) 1972

Marzollo, Jean/Lloyd, Janice: Jeder Tag Kolumbuszeit. Ravensburg (Maier)

Miske-Flemming, D.: Theorie und Methode zur Behandlung von perzeptionsgestörten Kindern Dortmund (modernes lernen) 1980

Montessori, M.: Das kreative Kind. Freiburg/Brg. (Herder) 1972

Mordi, Sigrid: Spiele in der Vorschulzeit. Artikel in „Vorschulzeit" Weinheim (Beltz) 1972

Ohlmeier, Gertrud: Frühförderungsprogramme für behinderte Kinder (0—6) Dortmund (modernes lernen) 1979

Pausewang, Elfriede: 130 didaktische Gruppenspiele für Kinder von 3 bis 8. München (Don Bosco) 1975, 5. Aufl.

Pfluger-Jakob, M.: Artikel „Was ist mit Klaus?" in Zeitschrift „Kindergarten heute", Heft 2 und 3 (Herder) 1980

Prekop, I.: Förderung der Wahrnehmung bei entwicklungsgestörten Kindern. Teil 1 und Teil 2., Artikel Zeitschrift „Lebenshilfe". Heft 1 und 2. (Hrsg.: Bundesvereinigung Lebenshilfe für geistig Behinderte e.V.) Marburg 1980

Ratke, F. W./Knupfer, H.: Das spastisch gelähmte Kind. Stuttgart (Thieme) 1966

Schmitz, E.: Elternprogramm für behinderte Kinder. München (Reinhardt) 1979

Sharp, Evelyn: Denken ein Kinderspiel. Stuttgart (Klett) 1970

Sinnhuber, Helga: Spielmaterial zur Entwicklungsförderung. Dortmund (verlag modernes lernen) 1978

Strassmeier, Walter: Frühförderung konkret. München/Basel (Reinhardt) 1981

Raum für Ihre Notizen:

Raum für Ihre Notizen: